U0684065

实训工单

主　编　华晓鸣

副主编　倪　箐

人民邮电出版社

北　京

目　　录

实训工单 1-1

实训题目	了解电动汽车所用动力电池及系统类型				
学生姓名		班级		学号	
同组同学				组长姓名	
实训地点		学时		日期	
实训目标	（1）能够对客户讲解新能源汽车上动力电池的类型及特性。 （2）能够对客户讲解新能源汽车上不同动力电池系统的优缺点				

一、接受任务 　　　　　　　　　　　　　　　　成绩：

汽车销售中心预约了一位购车客户，该客户想买一辆 30 万元以内的新能源汽车，然而不了解现在汽车所用电池的类型及特性，很担心电池的安全问题，也不清楚是选择混合动力汽车还是纯电动汽车。客户希望前往汽车销售中心，由专人讲解如何选购不同电池类型的新能源汽车。汽车销售中心委派实习生张同学，提前做好准备，负责接待客户，并向客户详细讲解满足客户要求的汽车

二、任务准备 　　　　　　　　　　　　　　　　成绩：

1. 基本信息收集

给客户提供 3 种车型，这 3 种车型均为 30 万元以内的新能源汽车

项目	车型 1（轻混合/强混合）	车型 2（插电式混合）	车型 3（纯电动）
品牌与型号			
价格			
电池类型			
电池特性			
混合动力/纯电动			
续航			
油耗			

2. 3 种车型电池类型、参数、系统优缺点

（1）描述车型 1 的电池类型、参数及系统优缺点。

（2）描述车型 2 的电池类型、参数及系统优缺点。

（3）描述车型 3 的电池类型、参数及系统优缺点。

三、制订计划	成绩：

1．物料的准备

（1）3 种车型的资料。

（2）多媒体教学设施。

（3）讲解用的 PPT 或其他资料。

2．人员的分工

讲解员（1 人）		客户（1 人）	
听众（5 人）		记录员（1 人）	

讲解员负责物料的准备；客户准备好需要了解的问题；听众在讲解员回答完客户问题以后，可以补充提出问题；记录员记录好客户和听众提出的问题，以及讲解员回答的问题

四、计划实施	成绩：

1．讲解员介绍

（1）介绍车型的基本信息。

（2）介绍车辆动力电池的类型及参数。

（3）介绍 3 种车型所用动力系统的优缺点。

（4）总结不同动力系统及车型的适用性。

2．客户提问

问：_____

答：_____

问：_____

答：_____

问：_____

答：_____

问：_____

答：_____

问：_____

答：_____

问：_____

答：_____

3．听众提问

五、质量检查		成绩：	

请实训指导教师检查本组实训结果，并针对实训过程中出现的问题提出改进措施及建议。

序号	评价标准	评价结果
1	讲解员准备是否充分	
2	讲解员讲解是否准确、易懂	
3	计划实施是否顺畅	
4	客户和听众是否满意	
5	项目实施记录是否完整	
综合评价	☆ ☆ ☆ ☆ ☆	
综合评语		

六、评价反馈	成绩：

根据自己在实训中的表现进行自我评价。

自我评价：＿＿＿＿＿＿＿＿＿＿＿＿＿＿＿＿＿＿＿＿＿＿＿＿＿＿＿＿＿

需要改进的地方：＿＿＿＿＿＿＿＿＿＿＿＿＿＿＿＿＿＿＿＿＿＿＿＿＿

实训成绩单			
项目	评分标准	分值	得分
接受任务	明确任务内容，理解任务在实际工作中的重要性	5	
任务准备	车辆基本信息收集完整	5	
	动力电池类型区分全面	5	
	动力电池参数描述合理	5	
	动力电池系统优缺点描述清晰	5	
制订计划	物料准备齐全	5	
	人员分工明确	5	
计划实施	讲解员讲解正确、完整	10	
	讲解员能够正确回答客户的提问，使客户满意	10	
	讲解员能够正确回答听众的提问，使听众满意	10	
	客户能够通过操作车辆感受动力电池系统的一些性能	10	
	听众能够通过操作车辆感受动力电池系统的一些性能	5	
质量检查	学生任务完成，操作过程规范，客户满意	10	
评价反馈	学生能对实训表现进行客观评价	5	
	学生能够发现项目实施过程中存在的问题	5	
实训得分（100 分）			

七、思考与练习

（1）铅酸电池一般由_____、_____、_____、_____、_____和_____等组成。正极板为_____，负极板为_____。

（2）2019 年诺贝尔化学奖，授予了 3 位"为锂离子电池做出巨大贡献的科学家"，分别是_____、_____、_____。

（3）按照动力电池系统对新能源汽车进行分类，其包括_____、_____、_____、_____、_____。

（4）描述串联式插电式混合动力系统工作原理：_____
_____。

（5）描述并联式插电式混合动力系统工作原理：_____
_____。

（6）描述混联式插电式混合动力系统工作原理：_____
_____。

（7）纯电动汽车的优点和缺点：_____
_____。

（8）说一说新能源汽车的性能参数主要有哪些？

（9）说一说微混合动力汽车、轻混合/强混合动力汽车、插电式混合动力汽车及纯电动汽车各自的优缺点。

指导教师		综合得分	

实训工单 1-2

实训题目	了解动力电池产业链			
学生姓名		班级		学号	
同组同学				组长姓名	
实训地点		学时		日期	
实训目标	（1）能够了解动力电池产业链构成，明白产业链各个环节的分工。 （2）能够了解产业链各个环节的主要供应商及其各自的特点				

一、接受任务 　　　　　　　　　　　　　　　　成绩：

小张同学毕业后工作于一家电动汽车厂的动力电池研发中心，职位为普通助理。动力电池研发中心需要整合行业资源，做出符合市场需求的产品，因此必须熟知产业链情况。小张发现自己对电池产业链所知甚少，在处理工作问题中比较被动，因此需要快速了解行业现状以进入职业角色。小张找到同样刚步入职场的小王一起对动力电池产业链进行调研，相互查阅资料后进行分享与讨论

二、任务准备 　　　　　　　　　　　　　　　　成绩：

1. 动力电池产业链结构

图 1 所示为动力电池产业链，其中上游主要以矿产原材料为主；中游包含动力电池生产原料，其中正极材料主要采用钴、锰、镍、锂矿等原材料，锂矿同时还可用作负极和电解液材料，石墨矿主要用作负极材料；下游主要是应用领域。请完善图 1，参考内容为：钴、锰、镍矿；正极、负极；电解液；PVC 膜；线束、连接器等；电池模组；隔膜；锂矿；石墨矿；极耳等；电芯；线束；BMS。

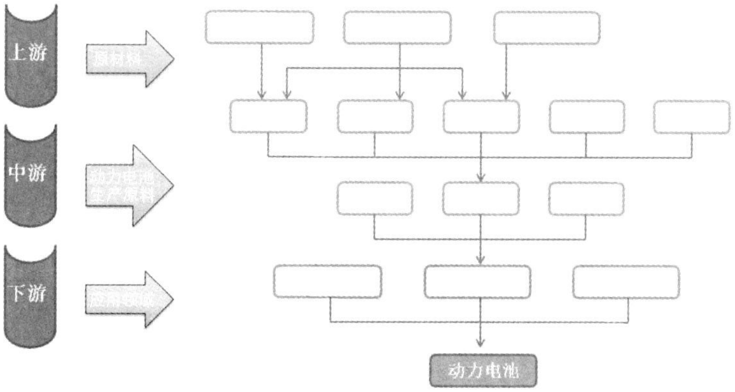

图 1　动力电池产业链

2. 动力电池产业链认识

（1）描述动力电池产业链上游的主要分类及行业分工，查找几项原材料的近期价格，列出国内外主要供应商名单。

（2）描述动力电池产业链中游的主要分类及行业分工，查找电芯材料近期价格，列出国内外主要供应商名单。

（3）描述动力电池产业链下游的主要分类及行业分工，查找电芯近期价格，列出国内外主要供应商名单。

三、制订计划	成绩：

1．物料的准备

（1）多媒体教学设施。

（2）讲解用的 PPT 或其他资料。

2．人员的分工

讲解员（1人）		记录员（1人）	
听众（5人）			

讲解员负责物料的准备；听众在讲解员介绍完毕后可以提出补充问题；记录员记录好听众提出的问题，以及讲解员回答的问题。小组成员轮流做讲解员，分别对上游、中游、下游问题进行讲解

四、计划实施	成绩：

讲解员介绍。

（1）上游问题讲解。

① 描述动力电池产业链上游的主要分类及行业分工。

② 查找几项原材料的近期价格。

③ 列出国内外主要供应商名单。

④ 简述动力电池产业链上游资源全球分布情况。

⑤ 通过求职软件查找一份适合应届毕业生的上游企业工作，进行简单分析、说明。

（2）中游问题讲解。

① 描述动力电池产业链中游的主要分类及行业分工。

② 描述各类电芯材料的作用，并简述各类正极材料的优缺点。

③ 查找几种电芯材料的近期价格，列出国内外主要供应商名单。

④ 估算动力电池四大电芯材料的成本占比。

⑤ 通过求职软件查找一份适合应届毕业生的中游企业工作，进行简单分析、说明。

（3）下游问题讲解。

① 描述动力电池产业链下游的主要分类及行业分工。

② 列出国内外主要电芯及电池 PACK 供应商名单。

③ 列出国内外主要 BMS 供应商名单。

④ 通过求职软件查找一份适合应届毕业生的下游企业工作，进行简单分析、说明

五、质量检查		成绩：

请实训指导教师检查本组实训结果，并针对实训过程中出现的问题提出改进措施及建议。

序号	评价标准	评价结果
1	讲解员准备是否充分	
2	讲解员讲解是否准确、易懂	
3	计划实施是否顺畅	
4	听众是否满意	
5	项目实施记录是否完整	
综合评价	☆ ☆ ☆ ☆ ☆	
综合评语		

六、评价反馈		成绩：

根据自己在实训中的表现进行自我评价。

自我评价： _____

_____

需要改进的地方： _____

_____

实训成绩单			
项目	评分标准	分值	得分
接受任务	明确任务内容，理解任务在实际工作中的重要性	5	
任务准备	对新能源汽车电池产业链构成合理	5	
	对新能源汽车电池产业链上游认识合理	5	
	对新能源汽车电池产业链中游认识合理	5	
	对新能源汽车电池产业链下游认识合理	5	
制订计划	物料准备齐全	5	
	人员分工明确	5	
计划实施	讲解流利、完整	10	
	能够正确说明产业链构成及分工	10	
	能够列举出各产业链主要供应商	10	
	能够对产业链有一定的认知	10	
	能够通过求职软件找到对应工作岗位并分析	5	
质量检查	学生任务完成，操作过程规范	10	
评价反馈	学生能对实训表现进行客观评价	5	
	学生能够发现项目实施过程中存在的问题	5	
实训得分（100分）			

七、思考与练习

（1）动力电池的上游为原材料资源的开采和加工，主要有_____、_____、_____、_____等。其中，_____是需求量最大的原材料。

（2）以圆柱电池为例，动力电池内部的结构主要由_____、_____、_____、_____组成。通常这四大材料在动力电池成本占比高低依次为：_____>_____>_____>_____。正极材料决定电池的容量、寿命等多方面核心性能，一般情况下其成本占比约_____；隔膜的难点在于微孔结构成型技术与基底材料，目前成本占比约_____。负极材料主要以石墨矿为主，成本占比约_____；电解液主要以六氟磷酸锂为主，成本占比约_____。

（3）当前，已经市场化的正极材料包括_____、_____、_____、_____等。

（4）锂离子电池目前主流使用的负极材料是碳负极材料，已实际用于锂离子电池的负极材料基本上都是碳素材料，如_____等。

（5）动力电池电解液对人体有危害吗？请查阅资料后进行说明。

（6）查询当地或者附近城市的锂离子电池相关企业，简述其规模及发展前景，列出适合应届毕业生的几个岗位。

指导教师		综合得分	

实训工单 2-1

实训题目	了解各类电池性能指标				
学生姓名		班级		学号	
同组同学				组长姓名	
实训地点		学时		日期	
实训目标	（1）能够对项目决策组讲解动力电池的种类及几款常见电池的基本特性。 （2）能够对项目决策组简述不同动力电池系统的优缺点				

一、接受任务	成绩：

某公司 2022 年发展新业务方向，计划中的一项是研发一款四轮高尔夫球车供电系统。项目负责人参照以往经验，决定选择市面上供货量较大、便宜又相对可靠的车用铅酸电池作为储能装置的首选组件。但是采购员老丁建议选用更安全的镍氢电池。作为采购组的一员，你觉得最近风头正盛的锂离子电池也许是不错的选择。为此，老丁希望你整理一份报告（选型分析报告），阐明 3 种不同的动力电池在性能和价格上的优劣，并呈送给项目决策组。报告设计要素如下。

1. 提供 48～60V 的电压，可用单体电池串联增压。

2. 提供不小于 2kW·h 的电池能量，可用单体电池并联增容。

3. 电池可安装于电池仓、后备箱等，尽量减小尺寸。

4. 选择尽量大的工作电流和极限电流，以应对场地爬坡工况。

5. 产品具有一定的耐高温性能，以应对高温天气。

6. 考虑不同充电时间对产品的影响。

7. 需要考虑性能、价格、供应商数量、维护成本等其他因素

二、任务准备	成绩：

1. 需求分析

2. 选型信息收集

为项目决策组收集车用铅酸、镍氢和锂离子 3 种电池的不同参数，从网上查询获得单体电池性能参数和价格。可使用低电压电池串联后得到高电压电池组，也可将低容量电池并联为高容量电池组。

电池种类	厂家	额定电压 /V	容量 /(A·h)	额定电流 /A	尺寸/mm	价格/元	串并方式
铅酸电池							

镍氢电池							
锂离子电池							

3．优劣分析

（1）选取收集到的铅酸电池产品中具有代表性的一款，简述其优缺点。

（2）选取收集到的镍氢电池产品中具有代表性的一款，简述其优缺点。

（3）选取收集到的锂离子电池产品中具有代表性的一款，简述其优缺点。

4．形成选型方案

三、制订计划	成绩：

1．物料的准备

（1）讲解用的 PPT 或其他资料。

（2）多媒体教学设施。

2. 人员的分工

项目工程师（1 人）		记录员（1 人）	
听众（5 人）			

项目工程师负责物料的准备；项目决策组准备好需要了解的问题；听众在项目工程师回答完项目决策组问题以后，也可以提出补充问题；记录员记录好项目决策组和听众提出的问题，以及项目工程师回答的问题

四、计划实施	成绩：

1．项目工程师介绍

（1）项目需求分析。

（2）3 种电池的基本特性、价格。

（3）几款备选电池的优缺点。

（4）选型推荐方案。

2．项目决策组提问

问：_____

答：_____

问：_____

答：_____

问：_____

答：_____

问：_____

答：_____

问：_____

答：_____

问：_____

答：_____

3．听众提问

五、质量检查	成绩：

请实训指导教师检查本组实训结果，并针对实训过程中出现的问题提出改进措施及建议。

序号	评价标准	评价结果
1	项目工程师是否准备充分	
2	项目工程师讲解是否准确、易懂	

3	选型分析报告是否清晰、判断有逻辑，选型推荐方案是否有说服力	
4	项目决策组提问思路是否清晰、目标是否明确	
5	听众是否满意	
6	选型推荐方案记录是否完整	
综合评价	☆ ☆ ☆ ☆ ☆	
综合评语		

六、评价反馈	成绩：

根据自己在实训中的表现进行自我评价。

自我评价：_____

_____

需要改进的地方：_____

_____

实训成绩单			
项目	评分标准	分值	得分
接受任务	明确任务内容，理解任务在实际工作中的重要性	5	
任务准备	需求分析充分、思路清晰、细节到位	5	
	各类型电池参数信息收集完整清晰	5	
	动力电池系统参数收集完整合理	5	
	各类型电池优缺点描述合理	5	
制订计划	展示、讲解材料准备齐全	5	
	人员分工明确	5	
计划实施	项目工程师讲解清晰、完整	10	
	项目工程师能够正确回答项目决策组的提问，并使其对方案感到满意	10	
	项目工程师能够正确回答听众的提问，听众满意	10	
	项目决策组能了解当前动力电池市场行情	10	
	听众能够通过操作车辆感受动力电池系统的一些性能	5	
质量检查	项目工程师任务完成，操作过程规范，项目决策组满意	10	
评价反馈	项目工程师能对实训表现进行客观评价	5	
	项目工程师能够发现项目实施过程中存在的问题	5	
实训得分（100 分）			

七、思考与练习

（1）铅酸电池的优势有_____、_____、_____、_____、

_____、_____，劣势有_____、_____。

（2）在镍氢电池出现之前，至少还出现了_____、_____镍系列电池。

（3）镍氢电池的劣势主要有_____、_____、_____、_____。

（4）锂离子电池的优点有_____、_____、_____、_____、_____。

（5）锂离子电池的缺点有_____、_____、_____。

（6）铅酸电池的正极材料一般是_____，负极材料是_____，电解液是_____。

（7）3种电池中，哪一种电池在未来更具有竞争优势，为什么？

（8）简述按照原理，电池可以分成哪几类，其代表产品分别是什么？

（9）我国市面上最畅销的混合动力汽车、纯电动汽车（各两款）分别使用哪一种、哪一规格的电池，为何厂家会做这样的选择？

指导教师		综合得分	

实训工单 2-2

实训题目	了解 18650 电芯测试原理及方法				
学生姓名		班级		学号	
同组同学				组长姓名	
实训地点		学时		日期	
实训目标	（1）能够对客户讲解 18650 电芯规格型号等基本信息。 （2）能够对客户讲解 18650 电芯的基本测试方法				

一、接受任务	成绩：

电池包生产公司计划近期启动电池包产线，产品采用 18650 单体电池组装，需要大量采购 18650 电芯，公司要求有 3 个供应商，每一批采购都需要采样检测。你是电池检测部门的实习生，小刘是采购员，主管要求你们合作制定一个采购及测试方案，并参与部门决策讨论

二、任务准备	成绩：

1. 基本信息收集

请通过互联网搜索几家 18650 电芯的主要生产厂家，对其产品进行简单分析。

序号	公司名称	主要供应商	产品或公司简介
1			
2			
3			
4			
5			

2. 产品规格书

请利用互联网找到一份 18650 电芯规格书，假设选中其使用，摘录部分关键性能参数。

序号	项目	描述
1	电池型号	
2	额定容量	
3	额定电压	
4		

5		
6		
7		
8		
9		

3．测试方法

请利用互联网查询锂离子电池常用测试方法，可参考 GB 38031—2020、GB/T 31486—2015、GB/T 31484—2015 或其他资料，整理成"产品规格书"中选中 18650 电芯的测试标准，描述内容可适当简略，成为企业标准。企业标准不得低于国标。

序号	项目	测试方法和要求
1	容量测试	
2	内阻测试	
3	电压测试	
4		
5		
6		
7		
8		
9		

三、制订计划	成绩：

1．物料的准备

（1）本工单中的信息采集资料。

（2）多媒体教学设施。

（3）讲解用的 PPT 或其他资料。

2．人员的分工

采购员（1 人）		测试员（1 人）	
研发部门同事（5 人）		记录员（1 人）	

采购员负责物料的准备；研发部门同事准备好需要了解的问题；在采购员回答完研发部门同事问题以后，测试员也可以提出补充问题；记录员记录好研发部门同事和测试员提出的问题，以及采购员回答的问题

四、计划实施	成绩：

1．采购员介绍

（1）18650 电芯的主要生产厂家，以及它们的主要供应商。

（2）哪些是头部供应商？

（3）选哪 3 家合适？

（4）如何抽样检测？

（5）抽样检测中采用哪些测试方法？

（6）完成一次抽样检测需要多长时间？

2．研发部门同事提问

问：＿＿＿

答：＿＿＿

问：＿＿＿

答：＿＿＿

问：＿＿＿

答：＿＿＿

问：＿＿＿

答：＿＿＿

问：＿＿＿

答：＿＿＿

3．测试员提问

五、质量检查	成绩：

请实训指导教师检查本组实训结果，并针对实训过程中出现的问题提出改进措施及建议。

序号	评价标准	评价结果
1	采购员准备是否充分	
2	采购员讲解是否准确、易懂	
3	计划实施是否顺畅	
4	研发部门同事和测试员是否满意	
5	项目实施记录是否完整	
综合评价	☆ ☆ ☆ ☆ ☆	
综合评语		

六、评价反馈	成绩：

根据自己在实训中的表现进行自我评价。

自我评价：_____

_____

需要改进的地方：_____

实训成绩单

项目	评分标准	分值	得分
接受任务	明确任务内容，理解任务在实际工作中的重要性	5	
任务准备	车辆基本信息收集完整	5	
	主要动力电池厂家收集全面	5	
	主流动力电池产品规格参数认识合理	5	
	动力电池产品主要测试方法描述恰当	5	
制订计划	物料准备齐全	5	
	人员分工明确	5	
计划实施	采购员讲解正确、完整	10	
	采购员能够正确回答研发部门同事的提问，研发部门同事满意	10	
	采购员能够正确回答测试员的提问，测试员满意	10	
	研发部门同事及测试员可以通过会议了解电芯厂家情况	5	
	研发部门同事及测试员可以通过会议了解测试情况	10	
质量检查	采购员任务完成，操作过程规范，研发部门同事、测试员满意	10	
评价反馈	采购员能对实训表现进行客观评价	5	
	采购员能够发现项目实施过程中存在的问题	5	
实训得分（100 分）			

七、思考与练习

（1）常见的 18650 电池分为_____电池和_____电池（按正极材料区分）。

（2）18650 锂离子电芯的标称电压为_____V，充电截止电压为_____V；18650 磷酸铁锂离子电池的标称电压为_____V，充电截止电压为_____V。

（3）18650 是指电池的外形规格，其中 18 表示_____，65 表示_____，0 表示_____。

（4）18650 电芯的组成：_____。

（5）简述 18650 电芯的优缺点。

（6）查一查讨论的测试方法中需要哪些测试设备，摘录其名称。

指导教师		综合得分	

实训工单 3-1

实训题目	电池 PACK 基本设计及计算			
学生姓名		班级		学号	
同组同学			组长姓名	
实训地点		学时		日期	
实训目标	（1）能够收集电池信息及高尔夫球车信息，进行简单的对比及分析。 （2）能够对客户需求的电池组进行简单的分析及设计，给出简易方案			

一、接受任务　　　　　　　　　　　　　　　　　成绩：

你新入职了一家电池生产公司的设计部，设计部接到了一个轻型动力载具用电池的项目，为高尔夫球车提供动力。作为新人首先得了解市面上同类产品的情况，进而为新品给出简单的设计方案

二、任务准备　　　　　　　　　　　　　　　　　成绩：

1. 高尔夫球车电池信息收集

利用互联网收集电池信息，至少有一款是铅酸及锂离子电池，产品参数可选择添加。

规格参数	产品 1	产品 2	产品 3
品牌与型号			
电池类型			
额定电压			
额定容量			
尺寸			

2. 收集高尔夫球车信息

利用互联网搜索高尔夫球车，收集相关资料及其参数，例如电机功率、额定电压、额定载客数等，列举查到的主要产品参数。

3. 产品设计

公司决定设计一款高尔夫球车用锂离子电池，由你来制定初步设计方案。要求额定电压为48V，包含电量为2.5kW·h，采用三元锂离子电芯（额定电压为3.7 V）。电芯规格有20、22、24、26、28、30（单位为 A·h），电芯尺寸为150×175×h。其中 h 为厚度，分别为7、8、10、11、12、13（单

位为 mm）。电池采用层叠结构设计，在厚度方向叠加电芯。请在下列空白处写出设计过程，并完善下表。

序号	项目	标准	备注
1	规格	高尔夫球车电池	
2	标称电压		
3	标称容量		
4	预估尺寸		长宽高（高为 h 方向叠加）
5	组合方式		串联或并联方式
6	标准放电电流		$1C$ 放电

三、制订计划	成绩：

1．物料的准备

（1）本工单中的信息查询资料。

（2）多媒体教学设施。

（3）讲解用的 PPT 或其他资料。

2．人员的分工

讲解员（1 人）		研发管理人员（1 人）	
同事（5 人）		记录员（1 人）	

讲解员负责物料的准备；研发管理人员准备好需要了解的问题；同事在讲解员回答完问题以后，也可以提出补充问题；记录员记录好各位提出的问题，以及讲解员回答的问题

四、计划实施	成绩：

1．讲解员介绍

（1）高尔夫球车用电池种类、参数及特点。

（2）高尔夫球车的性能参数及特点。

（3）高尔夫球车电池设计方法及结果。

2．研发管理人员提问

问：_____

答：_____

问：_____

答：_____

问：_____

答：_____

问：_____

答：_____

问：_____

答：_____

问：_____

答：_____

3．同事提问

五、质量检查	成绩：

请实训指导教师检查本组实训结果，并针对实训过程中出现的问题提出改进措施及建议。

序号	评价标准	评价结果
1	讲解员准备是否充分	
2	讲解员讲解是否准确、易懂	
3	计划实施是否顺畅	
4	研发管理人员和同事是否满意	
5	项目实施记录是否完整	
综合评价	☆ ☆ ☆ ☆ ☆	
综合评语		

六、评价反馈	成绩：

根据自己在实训中的表现进行自我评价。

自我评价：_____

需要改进的地方：_____

实训成绩单

项目	评分标准	分值	得分
接受任务	明确任务内容，理解任务在实际工作中的重要性	5	
任务准备	高尔夫球车电池信息收集完整	5	
	高尔夫球车基本信息收集完整	5	
	产品设计合理	10	
制订计划	物料准备齐全	5	
	人员分工明确	5	

计划实施	讲解员讲解正确、完整	10	
	讲解员能够正确回答研发管理人员的提问，研发管理人员满意	10	
	讲解员能够正确回答同事的提问，同事满意	10	
	同事可以通过讲解了解电池及高尔夫球车的基本情况	10	
	同事能够通过讲解了解设计的基本过程	5	
质量检查	讲解员任务完成，操作过程规范，研发管理人员满意	10	
评价反馈	讲解员能对实训表现进行客观评价	5	
	讲解员能够发现项目实施过程中存在的问题	5	
实训得分（100 分）			

七、思考与练习

（1）电池 PACK 是指_____
_____。

（2）电池 PACK 组成主要包括_____
_____等几个部分。

（3）电池管理系统，俗称为电池保姆或电池管家，主要作用是_____
_____

_____。

（4）电动汽车在实际运行过程中，电池管理系统是非常重要的组成部分，其中包含_____设计
和_____设计两个部分。

（5）在功能方面，电池管理系统一般包含_____
_____

_____等。

（6）电池包热量管理系统具备 3 个基本功能：_____、_____、
_____。

（7）动力电池安全性设计的空间三层次包含_____
_____。

（8）请分别解释电池 PACK 领域缩写词的含义：SOP、BOM、PFC、PFMEA、CP。

（9）请利用求职软件检索两个不同的电池 PACK 相关岗位，摘录其基本信息及岗位需求等信息。

指导教师		综合得分	

实训工单 3-2

实训题目		专利知识			
学生姓名		班级		学号	
同组同学				组长姓名	
实训地点		学时		日期	
实训目标	（1）能够对专利的作用与组成有一定认识，具备专利检索能力。 （2）能够在汽车电池方向具有一定的模拟撰写专利能力				

一、接受任务	成绩：

你新入职了一家电池生产公司的设计部，设计部接到了一个轻型动力载具用电池的项目，为高尔夫球车提供动力。你首先了解了市面上的同类产品情况，进而对新品给出了简单的设计方案。但是给出方案的同时，为保护产品，需要撰写相关专利。部门要求你为产品撰写专利的草稿。你需了解专利的构成和写作方法

二、任务准备	成绩：

1. 专利查询

公司设计的电池产品具有明显的优势，例如快充、大倍率、采用特殊材料（如石墨烯）等。撰写专利首先需要根据本实训工单的产品进行同类专利检索。请在国家知识产权局的检索网站、中国知网、万方数据知识服务平台等进行同类型专利检索。以一种电池特性为重点，说明检索平台、使用的检索要素（如篇名、主题、关键词等）、使用的关键字，并列举检索结果（如标题、作者等），抄录 5 项检索结果。

2. 专利的基本构成

下载一篇同类型的专利文本进行学习（根据专利查询结果下载），观察它的结构组成，在下方空白区域说明这篇专利的基本组成。

3．专利的模拟撰写

根据"专利查询"中选择的重点，构思产品思路，以下载的专利文本为参考，模拟撰写专利的摘要。所提供思路可供参考，也可自建思路：专利"一种功率型高尔夫球车电池"，假设其具备 $5C$ 快充和 $10C$ 持续放电功能，可以应对高尔夫球场的各类爬坡工况。

三、制订计划	成绩：

1．物料的准备

（1）任务准备中要查询的资料。

（2）多媒体教学设施。

（3）讲解用的 PPT 或其他资料。

2．人员的分工

讲解员（1 人）		同事（1 人）	
听众（5 人）		记录员（1 人）	

讲解员负责物料的准备；同事准备好需要了解的问题；听众在讲解员回答完同事提出的问题以后，也可以提出补充问题；记录员记录好同事和听众提出的问题，以及讲解员回答的问题。

四、计划实施	成绩：

1．讲解员介绍

（1）根据"专利查询"的内容是如何检索到需要的专利的？

（2）在检索过程中遇到了哪些问题，是如何解决的？

（3）如何准确地下载一篇专利文本？

（4）模拟撰写专利摘要的过程及遇到的问题。

2．同事提问

问：_____

答：_____

问：_____

答：_____

问：_____

答：_____

问：_____

答：_____

问：_____

答：_____

问：_____

答：_____

3．听众提问

五、质量检查	成绩：

请实训指导教师检查本组实训结果，并针对实训过程中出现的问题提出改进措施及建议。

序号	评价标准	评价结果
1	讲解员准备是否充分	
2	讲解员讲解是否准确、易懂	
3	计划实施是否顺畅	
4	同事和听众是否满意	
5	项目实施记录是否完整	
综合评价	☆　☆　☆　☆　☆	
综合评语		

六、评价反馈	成绩：

根据自己在实训中的表现进行自我评价。

自我评价：_____

_____

需要改进的地方：_____

_____

实训成绩单			

项目	评分标准	分值	得分
接受任务	明确任务内容，理解任务在实际工作中的重要性	5	
任务准备	专利的基本查询技能过关	5	
	专利的基本构成识别合理	5	
	专利的基本撰写思路清晰	10	

制订计划	物料准备齐全	5	
	人员分工明确	5	
计划实施	讲解员讲解正确、完整	10	
	讲解员能够正确回答同事的提问，同事满意	10	
	讲解员能够正确回答听众的提问，听众满意	10	
	同事可以通过讲解员介绍了解专利查询、组成及撰写过程	10	
	听众可以通过讲解员介绍了解专利的基础知识	5	
质量检查	讲解员任务完成，操作过程规范，听众满意	10	
评价反馈	讲解员能对实训表现进行客观评价	5	
	讲解员能够发现项目实施过程中存在的问题	5	
实训得分（100 分）			

七、思考与练习

（1）我国的专利有_____、_____、_____。

（2）保护年限的区别：发明专利的独占保护期为_____年，实用新型专利和外观设计专利的独占保护期均为_____年。

（3）某专利的专利号为 20161XXXXXXX.0（X 为随机数字），前 4 位数字代表_____，第五位数字可以是 1、2 或 3，分别代表_____、_____、_____。

（4）发明专利是指_____
_____。

（5）实用新型专利是指_____
_____。

（6）外观设计专利是指_____
_____。

（7）以后你想从事什么行业？在这行业中有哪些类型的专利？请在检索平台查询 3 项相关专利，记录在下方空白处。

指导教师		综合得分	

实训工单 4-1

实训题目	了解锂离子电池生产所需主要材料				
学生姓名		班级		学号	
同组同学				组长姓名	
实训地点		学时		日期	
实训目标	（1）能够对同事讲述国内外主要材料生产厂家。 （2）能够对同事讲述国内外材料技术的发展情况				

一、接受任务	成绩：

动力电池技术变化迅速，各个材料供应商也发展迅猛。某动力电池企业的采购部门想对目前材料供应商进行重新调研，你是新进的动力电池部门采购助理，现在请你做一个初步调查，分析各类主要材料供应商及国内外供应商的差距在哪里

二、任务准备	成绩：

基本信息收集。

（1）通过互联网或相关书籍，查询全球主要三元材料供应商，简述国内外市场现状。

（2）通过互联网或相关书籍，查询国内主要负极材料供应商，简述国内市场格局。

（3）通过互联网或相关书籍，查询全球主要隔膜供应商，简述国内外差距在哪里。

（4）通过互联网或相关书籍，查询国内主要电解液供应商，并列举头部企业。

三、制订计划	成绩：

1．物料的准备

（1）基本信息搜集的材料。

（2）多媒体教学设施。

（3）讲解用的 PPT 或其他资料。

2．人员的分工

讲解员（1 人）		同事（3 人）	
听众（3 人）		记录员（1 人）	

讲解员负责物料的准备；同事准备好需要了解的问题；听众在讲解员回答完同事问题以后，也可以提出补充问题；记录员记录好同事和听众提出的问题，以及讲解员回答的问题

四、计划实施	成绩：

1．讲解员介绍

（1）全球主要三元材料供应商，以及国内外市场现状。

（2）国内主要负极材料供应商，以及国内市场格局。

（3）全球主要隔膜供应商，以及国内外差距在哪里。

（4）国内主要电解液供应商，并列举头部企业。

2．同事提问

问：_____

答：_____

问：_____

答：_____

问：_____

答：_____

问：_____

答：_____

问：_____

答：_____

问：_____

答：_____

3．听众提问

五、质量检查		成绩：

请实训指导教师检查本组实训结果，并针对实训过程中出现的问题提出改进措施及建议。

序号	评价标准	评价结果
1	讲解员准备是否充分	
2	讲解员讲解是否准确、易懂	
3	计划实施是否顺畅	
4	同事和听众是否满意	
5	项目实施记录是否完整	
综合评价	☆ ☆ ☆ ☆ ☆	
综合评语		

六、评价反馈		成绩：

根据自己在实训中的表现进行自我评价。

自我评价：＿＿＿＿＿＿＿＿＿＿＿＿＿＿＿＿＿＿＿＿＿＿＿＿＿＿＿＿

需要改进的地方：＿＿＿＿＿＿＿＿＿＿＿＿＿＿＿＿＿＿＿＿＿＿＿

实训成绩单

项目	评分标准	分值	得分
接受任务	明确任务内容，理解任务在实际工作中的重要性	5	
任务准备	正极材料基本信息收集完整	5	
	负极材料基本信息收集完整	5	
	隔膜基本信息收集完整	5	
	电解液基本信息收集完整	5	
制订计划	物料准备齐全	5	
	人员分工明确	5	
计划实施	讲解员讲解正确、完整	10	
	讲解员能够正确回答同事的提问，同事满意	10	
	讲解员能够正确回答听众的提问，听众满意	10	
	同事能够通过讲解员讲述了解一定电池材料市场信息	10	
	听众能够通过讲解员讲述了解一定电池材料市场信息	5	
质量检查	讲解员任务完成，操作过程规范，同事满意	10	
评价反馈	讲解员能对实训表现进行客观评价	5	
	讲解员能够发现项目实施过程中存在的问题	5	
实训得分（100 分）			

七、思考与练习

（1）锂离子电池可按照正极材料体系来划分，主要分为_____等技术路线。

（2）锂离子电池的负极材料主要有_____等。锂离子电池负极材料的能量密度是影响锂离子电池能量密度的主要因素之一，锂离子电池的负极材料为锂离子电池的4个核心材料之一。

（3）锂离子电池中，隔膜的作用是_____。

（4）隔膜的制作工艺主要分为_____，_____又分为单向拉伸和双向拉伸。隔膜生产主要有两种材料：_____。

（5）目前应用最多的动力电池液态电解液由3部分组成，即_____。

（6）锂离子电池中，电解液的作用为：_____。

（7）通过求职软件或网站，在上述锂离子电池材料企业中找一个合适的岗位，摘录其基本信息，说明为什么选择这个岗位。

指导教师		综合得分	

实训工单 4-2

实训题目	了解实验室用锂离子电池设备			
学生姓名		班级		学号	
同组同学			组长姓名	
实训地点		学时		日期	
实训目标	（1）能够对同事讲解扣式电池工艺流程及基本原理。 （2）能够对同事讲述搭建基础扣式实验室所用设备及原理			

一、接受任务	成绩：

为了试验新型电池材料性能，电池研发中心计划增设一个扣式电池实验室。公司安排你首先进行扣式工艺的调研，了解扣式电池的制作全工艺；其次加上设备清单，并且熟悉各设备参数；最后对研发中心进行汇报

二、任务准备	成绩：

1. 扣式电池制作工艺流程：请通过互联网或相关书籍，列出扣式电池组装的工艺流程。

2. 工艺详解：请通过互联网或相关书籍，对扣式电池各个工艺进行解释与描述。

3. 设备需求：请参考互联网或相关书籍，列出扣式电池组装中需要用到的设备。

序号	设备名称	型号	对应工艺或作用
1			
2			
3			
4			
5			
6			
7			
8			
9			
10			

三、制订计划	成绩：

1．物料的准备

（1）任务准备的调查资料。

（2）多媒体教学设施。

（3）讲解用的 PPT 或其他资料。

2．人员的分工

讲解员（1 人）		同事（3 人）	
听众（3 人）		记录员（1 人）	

讲解员负责物料的准备；同事准备好需要了解的问题；听众在讲解员回答完同事问题以后，也可以提出补充问题；记录员记录好同事和听众提出的问题，以及讲解员回答的问题

四、计划实施	成绩：

1．讲解员介绍

（1）扣式电池基本工艺流程。

（2）扣式电池中的重点工艺。

（3）扣式工艺中需要的设备。

2．同事提问

问：_____

答：_____

问：_____

答：_____

问：_____

答：_____

问：_____

答：_____

问：_____

答：_____

问：_____

答：_____

3．听众提问

五、质量检查		成绩：

请实训指导教师检查本组实训结果，并针对实训过程中出现的问题提出改进措施及建议。

序号	评价标准	评价结果
1	讲解员准备是否充分	
2	讲解员讲解是否准确、易懂	
3	计划实施是否顺畅	
4	同事和听众是否满意	
5	项目实施记录是否完整	
综合评价	☆ ☆ ☆ ☆ ☆	
综合评语		

六、评价反馈		成绩：

根据自己在实训中的表现进行自我评价。

自我评价：_____

需要改进的地方：_____

实训成绩单

项目	评分标准	分值	得分
接受任务	明确任务内容，理解任务在实际工作中的重要性	5	
任务准备	扣式基本工艺收集完整	5	
	扣式工艺详细描述合理	5	
	扣式重点工艺描述清晰	5	
	扣式设备调查全面	5	
制订计划	物料准备齐全	5	
	人员分工明确	5	
计划实施	讲解员讲解正确、完整	10	
	讲解员能够正确回答同事的提问，同事满意	10	
	讲解员能够正确回答听众的提问，听众满意	10	
	同事能够通过讲解员讲解了解扣式工艺全过程	10	
	同事能够通过讲解员讲解了解扣式工艺所需设备	5	
质量检查	讲解员任务完成，操作过程规范，同事满意	10	
评价反馈	讲解员能对实训表现进行客观评价	5	
	讲解员能够发现项目实施过程中存在的问题	5	
实训得分（100 分）			

七、思考与练习

（1）一般的扣式电池壳型号有_____等，实验室中常采

用_____型电池壳 （即直径为 20mm，厚度为 3.2mm）。

（2）一套 CR2032 型电池壳包括_____。组装一个扣式

电池的基本步骤包括_____。

（3）制浆过程需要用到_____。

（4）正极活性物质主要有_____。锂离子电池极片的正极、

负极集流体分别为_____。

（5）涂布后，干燥出的复合材料涂层比较疏松。若直接使用，被电解液浸润后容易脱落、损坏。可

采用_____等进行压片处理。

（6）请估算在设备需求部分统计的设备费用，列出采购清单。

指导教师		综合得分	

实训工单 5-1

实训题目	了解电池管理系统的组成				
学生姓名		班级		学号	
同组同学				组长姓名	
实训地点		学时		日期	
实训目标	（1）能够对同事讲述电池管理系统的定义及作用。 （2）能够对同事讲述电池管理系统各个模块的功能				

一、接受任务   成绩：

作为当今动力汽车系统的重要组成部分之一，电池管理系统得到了各大企业的重视，国内外在相应领域的研究和技术探索也取得了一定的成果。电池管理系统的广泛应用不但有效拓展了电动汽车续航里程，也延长了电池组的使用寿命。作为讲解员，需要掌握电池管理系统在整车中的运用及其组成。通过回忆课堂内容，以及查阅书籍、网络资料，讲解员需掌握并了解电池管理系统的现状与趋势，同时了解电池管理系统常见故障的初步排除方法

二、任务准备   成绩：

1. 基本知识回忆

（1）电池管理系统的功能。

（2）电池管理系统的组成及工作模式。

2. 资料查询以及知识拓展

（1）通过互联网或相关书籍，查询全球主要电池管理系统供应商，简述国内外差距。

（2）通过互联网或相关书籍，查询国内销量最高的两款电动汽车，查找它们分别使用的电池管理系统并简述其分类和优劣势。

三、制订计划	成绩：

1．物料的准备

（1）任务准备中搜集的材料。

（2）多媒体教学设施。

（3）讲解用的 PPT 或其他资料。

2．人员的分工

讲解员（1 人）		同事（3 人）	
听众（3 人）		记录员（1 人）	

讲解员负责物料的准备；同事准备好需要了解的问题；听众在讲解员回答完同事提出的问题以后，也可以提出补充问题；记录员记录好同事和听众提出的问题，以及讲解员回答的问题

四、计划实施	成绩：

1．讲解员介绍

（1）全球主要电池管理系统供应商，以及国内外市场现状。

（2）国内主要电动汽车品牌的电池管理系统供应商、国内市场格局及国内外差距。

2．同事提问

问：＿＿＿＿＿＿＿＿＿＿＿＿＿＿＿＿＿＿＿＿＿＿＿＿＿＿＿＿＿＿＿＿＿＿＿＿＿＿＿

答：＿＿＿＿＿＿＿＿＿＿＿＿＿＿＿＿＿＿＿＿＿＿＿＿＿＿＿＿＿＿＿＿＿＿＿＿＿＿＿

问：＿＿＿＿＿＿＿＿＿＿＿＿＿＿＿＿＿＿＿＿＿＿＿＿＿＿＿＿＿＿＿＿＿＿＿＿＿＿＿

答：＿＿＿＿＿＿＿＿＿＿＿＿＿＿＿＿＿＿＿＿＿＿＿＿＿＿＿＿＿＿＿＿＿＿＿＿＿＿＿

问：＿＿＿＿＿＿＿＿＿＿＿＿＿＿＿＿＿＿＿＿＿＿＿＿＿＿＿＿＿＿＿＿＿＿＿＿＿＿＿

答：＿＿＿＿＿＿＿＿＿＿＿＿＿＿＿＿＿＿＿＿＿＿＿＿＿＿＿＿＿＿＿＿＿＿＿＿＿＿＿

问：＿＿＿＿＿＿＿＿＿＿＿＿＿＿＿＿＿＿＿＿＿＿＿＿＿＿＿＿＿＿＿＿＿＿＿＿＿＿＿

答：＿＿＿＿＿＿＿＿＿＿＿＿＿＿＿＿＿＿＿＿＿＿＿＿＿＿＿＿＿＿＿＿＿＿＿＿＿＿＿

问：＿＿＿＿＿＿＿＿＿＿＿＿＿＿＿＿＿＿＿＿＿＿＿＿＿＿＿＿＿＿＿＿＿＿＿＿＿＿＿

答：＿＿＿＿＿＿＿＿＿＿＿＿＿＿＿＿＿＿＿＿＿＿＿＿＿＿＿＿＿＿＿＿＿＿＿＿＿＿＿

问：＿＿＿＿＿＿＿＿＿＿＿＿＿＿＿＿＿＿＿＿＿＿＿＿＿＿＿＿＿＿＿＿＿＿＿＿＿＿＿

答：＿＿＿＿＿＿＿＿＿＿＿＿＿＿＿＿＿＿＿＿＿＿＿＿＿＿＿＿＿＿＿＿＿＿＿＿＿＿＿

3．听众提问

五、质量检查		成绩：

请实训指导教师检查本组实训结果，并针对实训过程中出现的问题提出改进措施及建议。

序号	评价标准	评价结果
1	讲解员准备是否充分	
2	讲解员讲解是否准确、易懂	
3	计划实施是否顺畅	
4	同事和听众是否满意	
5	项目实施记录是否完整	
综合评价	☆ ☆ ☆ ☆ ☆	
综合评语		

六、评价反馈		成绩：

根据自己在实训中的表现进行自我评价。

自我评价：_____

_____

需要改进的地方：_____

_____

实训成绩单

项目	评分标准	分值	得分
接受任务	明确任务内容，理解任务在实际工作中的重要性	5	
任务准备	电池管理系统基本知识回忆清晰	5	
	电池管理系统拓展知识搜集全面	5	
	行业信息搜集全面	5	
	热量管理系统基本信息收集完整	5	
制订计划	物料准备齐全	5	
	人员分工明确	5	
计划实施	讲解员讲解正确、完整	10	
	讲解员能够正确回答同事的提问，同事满意	10	
	讲解员能够正确回答听众的提问，听众满意	10	
	同事能够通过讲解员讲述了解当前市场信息	10	
	听众能够通过讲解员讲述了解基本的电池管理系统知识	5	
质量检查	讲解员任务完成，操作过程规范，同事满意	10	
评价反馈	讲解员能对实训表现进行客观评价	5	
	讲解员能够发现项目实施过程中存在的问题	5	
实训得分（100分）			

七、思考与练习

（1）按照系统功能组合，电池管理系统分为_____、_____及_____3种。

（2）依功能区分，电池管理系统大致可以分为_____、_____和_____三大基本模块。

（3）根据热量管理的不同应用场合和功能，动力电池热量管理一般分为_____、_____及_____等系统。

（4）除了风冷之外，还有_____、_____、_____、_____等多种冷却方式。

（5）当发现单体电池容量不足时，会引发什么样的后果，因此建议进行哪一种排障操作？

（6）查找并罗列国内各大汽车企业（包括传统及新兴企业）。

（7）通过求职软件或网站，在上述列出的企业中找一个合适的岗位，摘录其基本信息，并简要回答其岗位要求中涵盖的知识要素。

指导教师		综合得分	

工业和信息化精品系列教材

新能源汽车技术

动力电池
管理及维护技术

微课版 | 配套实训工单

华晓鸣 | 主编

倪箐 | 副主编

NEW
ENERGY AUTOMOBILE

人民邮电出版社

北京

图书在版编目（CIP）数据

动力电池管理及维护技术 : 微课版 : 配套实训工单/
华晓鸣 主编. -- 北京 : 人民邮电出版社，2024.8
工业和信息化精品系列教材. 新能源汽车技术
ISBN 978-7-115-63774-1

Ⅰ. ①动… Ⅱ. ①华… Ⅲ. ①新能源－汽车－蓄电池
－管理－教材②新能源－汽车－蓄电池－车辆检修－教材
Ⅳ. ①U469.703

中国国家版本馆 CIP 数据核字(2024)第 038316 号

内 容 提 要

本书较为全面地介绍动力电池管理及维护技术，主要内容包括汽车动力电池概述、汽车动力电池原理及指标、动力电池 PACK 技术、电芯及系统生产工艺、动力电池管理系统。本书分为 5 个项目，每个项目都包括项目目标、项目导入、知识准备、项目实训和项目小结。

本书内容新颖、条理清晰、图文并茂、通俗易懂、实用性强。本书可作为职业院校汽车类，尤其是新能源方向的专业教材；同时本书还可为不熟悉动力电池行业的人员提供基础知识，可作为汽车企业的培训参考用书。

◆ 主　　编　华晓鸣
　　副 主 编　倪　箐
　　责任编辑　刘晓东
　　责任印制　王　郁　焦志炜
◆ 人民邮电出版社出版发行　　北京市丰台区成寿寺路 11 号
　　邮编　100164　电子邮件　315@ptpress.com.cn
　　网址　https://www.ptpress.com.cn
　　北京市艺辉印刷有限公司印刷
◆ 开本：787×1092　1/16
　　印张：8　　　　　　　　　　2024 年 8 月第 1 版
　　字数：251 千字　　　　　　　2024 年 8 月北京第 1 次印刷

定价：49.80 元（附小册子）

读者服务热线：(010)81055256　印装质量热线：(010)81055316
反盗版热线：(010)81055315
广告经营许可证：京东市监广登字 20170147 号

党的二十大报告提出："推进新型工业化，加快建设制造强国"和"推动制造业高端化、智能化、绿色化发展"。在比亚迪"刀片电池"发布会上，新能源汽车权威专家欧阳明高院士介绍了目前电池的 3 个发展方向：第一，电池材料和电化学体系的创新，例如，从有机、可燃的电解液发展为无机、不可燃的固态电解质；第二，智能化方向，比如智能制造、智能控制、自动回收等，充分利用信息技术和人工智能技术，发展智能电池；第三，对设计和产品工程进行创新，刀片电池就属于该范畴。欧阳明高院士的总结精准、到位，也是业内形成共识的方向。新能源汽车技术，尤其是动力电池技术，在最近几十年有了突飞猛进的发展，并且在未来有强劲发展的趋势。

动力电池管理及维护技术既是新能源汽车从业人员应学习的基础知识，也是新能源汽车技术专业学生需掌握的专业知识。编者具有锂离子电池材料及材料电化学研究背景，在行业变化时代进入锂电行业。编者在学习过程中发现锂电行业发展迅速，但相关图书更新速度较慢，且大多数图书过于专业，主要面向工程师，不适合刚进入锂电行业的从业者及高校学生使用。本书以全面了解为目标，希望帮助读者迅速了解锂电产业的数个重要环节，以便从业者进一步学习，也为相关专业学生择业提供依据。

本书包含 5 个项目，分别为汽车动力电池概述、汽车动力电池原理及指标、动力电池 PACK 技术、电芯及系统生产工艺、动力电池管理系统。项目内容涉及新能源电池的检测、封装、设计、生产等，包含各类入门的原理概述、行业术语、检测标准、设计方法、关键材料、关键工艺、热量管理系统、故障诊断等知识。实训工单包含产业链信息、性能及测试、设计及计算、专利知识、设备和管理系统知识等，可由指导教师根据实际情况选择实训内容，也可以采用网上查找资料的方式，提高实训项目的灵活性和可操作性。

建议项目一讲授 2 课时，实践 2 课时；项目二至项目四分别讲授 4 课时，实践均 2 课时；项目五讲授 2 课时，实践 2 课时。全书共计 26 课时，教师可根据实际情况调整。

本书由江苏信息职业技术学院华晓鸣任主编，倪箐任副主编。华晓鸣负责统稿。

由于编者水平和经验有限，书中难免有不足和疏漏之处，恳请读者批评指正。

编　者
2024 年 4 月

目录

项目一
汽车动力电池概述

【项目目标】

学习本项目，学生应该达到以下目标。

知识目标

（1）了解电池的发展史。

（2）了解电动汽车的发展史。

（3）了解动力电池的类型。

（4）了解动力电池的系统功能分类。

（5）了解动力电池应用现状和发展趋势。

能力目标

（1）能够简述电池发展的过程。

（2）能够简述电动汽车发展的过程。

（3）能够简述动力电池的类型。

（4）能够简述动力电池的系统功能分类。

（5）能够简述动力电池应用现状和发展趋势。

素养目标

（1）培养敬业精神和服务意识。

（2）培养沟通、协调、合作的能力，逐步形成良好的心理素质。

【项目导入】

一项新的实用技术往往不能很快被大众和市场采纳，这是因为新技术的应用需要缓冲时间，技术改进后才能被人们接受。相比于数百年前，我们可以看到人们接受新技术的速度在不断加快。例如在美国，其固定电话的普及率达到90%经历了约100年，而手机只用了大约20年。社会从"农业时代"发展到"工业时代"，继而发展到"信息时代"，社会在加速发展。

新能源汽车是如何发展的？新能源汽车是否会因缺少充电设施而停滞发展？人们是否会由于电动汽车续航里程及充电时间的限制而远离电动汽车？在思考这些问题之前我们先简单地回顾电池及电动汽车的发展史，通过追溯历史发现新能源汽车技术的关键点。

【知识准备】

一、电池的发展史

生活中不可或缺的各种电子产品都离不开锂电池技术的功劳，无论是手机、计算机、相机还是电动汽车，都是基于锂离子电池技术的成熟才得到快速发展的。下面介绍电池的发展史。

1. 巴格达电池

在电子装置尚不存在的年代，古人用电池去做什么呢？巴格达电池于1936年被发现于伊拉克首都巴格达郊外，其结构是一个小陶罐（陶罐从外形上看就像电池的外壳），罐内装着铁棒，铁棒悬在铜质圆柱体内，它们被固接在一起，外层覆盖着沥青。巴格达电池内部结构及电压测试如图1-1所示。此后，科学家依照巴格达电池仿制的装置确实可以发电，从而证明了小陶罐的发电能力。但是，电池在当时有什么用途，这个问题迄今为止尚未得到解答。

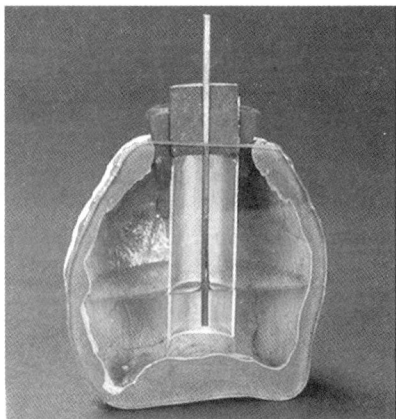

(a) 巴格达电池内部结构　　　　　　　　　　(b) 巴格达电池电压测试

图1-1　巴格达电池内部结构及电压测试

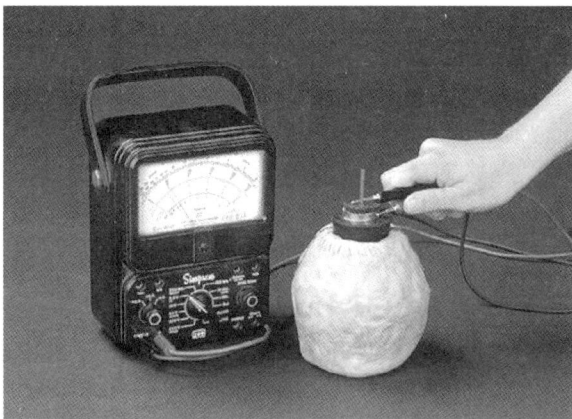

巴格达电池是一种出现在两河文明时期的人造工艺品，时间可以追溯到"帕提亚时代"。当时担任伊拉克博物馆馆长的德国考古学家瓦利哈拉姆·卡维尼格围着这些出土文物百思不解，他带着这些古代的化学电池悄悄地返回德国，以便证实他的另一个惊人的发现。卡维尼格在柏林公布了一个更令人惊讶的消息：对出土文物中共有可装配10个电池的材料进行分析，这些电池当时是被串联使用的，串联这些电池的目的则是通过电解法将金镀在雕像或装饰品上。而美国科罗拉多大学的保罗·凯泽提出另一种推测：这些电池的使用者是巴比伦的医生，在没有电鳐时，他们把它作为替代品使用，从而起到局部麻醉的作用。还有人推测巴格达电池与古巴格达人的宗教信仰有关，由于其可产生低电压，低电压产生的感觉被认为是与神的交流，因此它可能不是作为电能来使用，而是作为宗教道具来使用。

2. 莱顿瓶

荷兰莱顿大学物理学教授马森布洛克于 1745 年发明了"莱顿瓶"，该发明被后人认为是一项非常重要的发明。莱顿瓶作为原始形式的电容器，曾被用来作为电学实验的供电来源，也是电学研究的重要基础。莱顿瓶的发明，标志着对电的本质和特性进行研究的开始。

莱顿瓶实物及原理如图 1-2 所示。当时人们认为电是流动的，发明莱顿瓶的目的是捕获流动的电。典型的莱顿瓶是一个玻璃瓶，内外包覆着导电金属箔作为极板，瓶口上端接一个金属球电极，下端利用导体（通常是金属锁链）与内侧金属箔或溶液连接。莱顿瓶的充电方式是将电极接上静电产生器或起电盘等装置，外部金属箔接地，这样内部与外部的金属将会携带相等但极性相反的电荷。莱顿瓶是世界上第一个电容器。

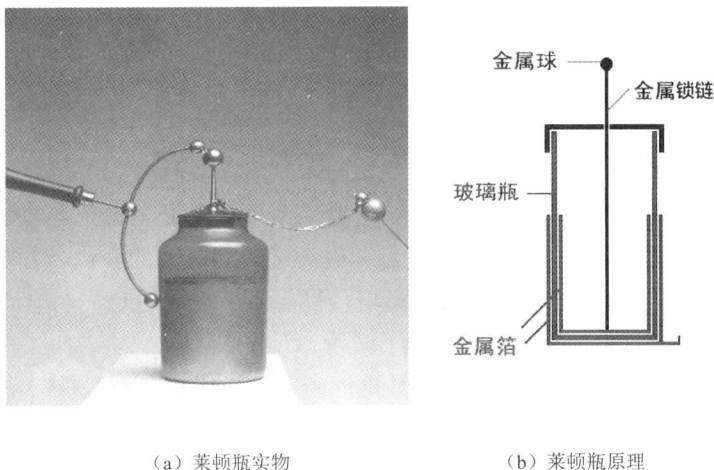

（a）莱顿瓶实物　　　　　　（b）莱顿瓶原理

图 1-2　莱顿瓶实物及原理

3. 伏打电池

伏打电池是意大利人亚历山德罗·伏特在 18 世纪末发明的发电器，也就是电池组。伏打电池开创了电学发展的新时代。

1786 年，意大利动物学家兼医生加尔瓦尼在实验室解剖青蛙，当他用刀尖触碰蛙腿上外露的神经时，蛙腿剧烈地痉挛，同时出现电火花。经过反复实验，他认为痉挛起因于动物体上本来就存在的电，他把这种电叫作"动物电"。5 年后，他把自己长期从事蛙腿痉挛的研究成果发表。这项研究令科学界大为震惊。1799 年，意大利物理学家伏特受到加尔瓦尼的影响，决定沿着"动物电"的方向继续研究。伏特把一个金属锌环放在一个铜环上，然后用一块浸透盐水的纸环压上，再放上锌环、铜环，如此重复，10 个、20 个、30 个等，叠成了一个柱状体，便产生了明显的电流，这一成果被称为伏打电堆或伏打电池（也称为伏特电池）。

伏打电池实物及其结构如图 1-3 所示。伏打电池具有两个金属电极，一个为锌电极（锌片），另一个为铜电极或银电极（银片），两个电极被一个浸泡硫酸等电介质的布或纸板隔开。当电池底部被一根导线导通时，电池就会产生电压和电流，该电压及电流大小取决于电池中金属电极对的数量。

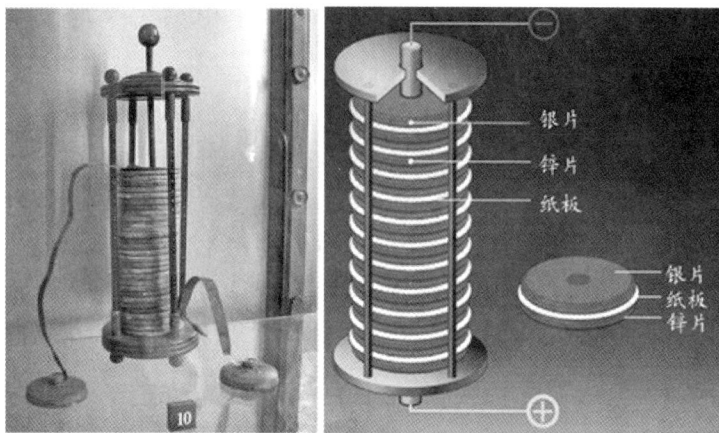

（a）伏打电池实物　　　　　　　　（b）伏打电池结构

图 1-3　伏打电池实物及其结构

4. 铅酸电池

1859 年，法国物理学家加斯顿·普兰特发明了世界上第一个可多次充电的铅酸电池。基于此项发明，法国人卡米尔·福尔在 1881 年改进并提高了铅酸电池的容量。这两位发明家的研究工作对现代铅酸电池技术发展有着重要的影响。目前，铅酸电池对早期电动工具及储能装置的发展起到很重要的作用，已被广泛应用。

铅酸电池实物及其结构如图 1-4 所示。铅酸电池一般由正极板、负极板、隔板、电解液和接线端子等组成。正极板为二氧化铅，负极板为铅板。一个单格铅酸电池的标称电压是 2.0V，能放电到 1.5V，能充电到 2.4V；在应用中，经常将 6 个单格铅酸电池串联成标称电压为 12V 的铅酸电池，还有 24V、36V、48V 等。铅酸电池安全密封，具有泄气系统，维护简单，使用寿命较长，质量稳定，性能可靠，因此应用广泛。

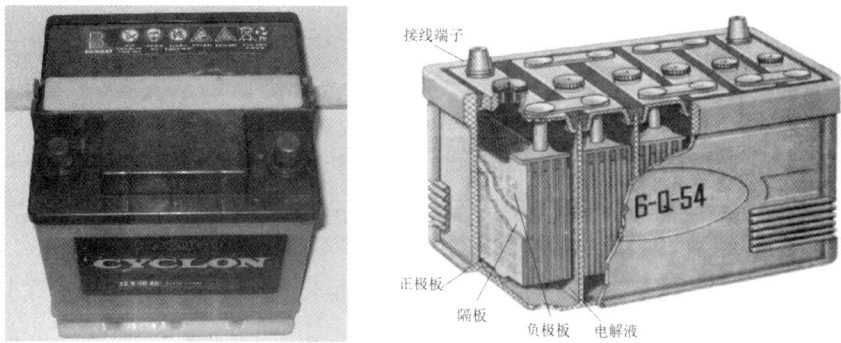

（a）铅酸电池实物　　　　　　　　（b）铅酸电池结构

图 1-4　铅酸电池实物及其结构

5. 镍基电池

镍基电池是指用氢氧化亚镍作正极活性物质的碱性蓄电池。在电动汽车上使用的镍基蓄电池主要有镍镉（Ni-Cd）蓄电池、镍锌（Ni-Zn）蓄电池和镍氢（Ni-MH）蓄电池等。

托马斯·爱迪生在 1902 年发明了铁镍电池（镍为阴极、铁为阳极，采用液体电解液），他为此申请了专利，并用作底特律电气和贝克电气公司的电动汽车的动力能源。爱迪生声称铁镍设计"远远优于使用铅板和酸的电池（铅酸电池）"。第一次世界大战之前，爱迪生和福特汽车公司曾在电动汽车上有过合作。1910—1965 年的所有铁路都使用铁镍电池为火车车厢照明供电；第二次世界大战中，德国使用的 V2 型火箭的主要电源是 50V 的铁镍电池。

1899 年，瑞典人瓦尔德马·容纳发明了镍镉电池（镍为阴极、镉为阳极，采用液体电解液），其是当时流行的随身听、四驱车所用的充电电池，为现代电子科技打下了基础。镍镉电池有一个巨大的缺点，那就是必须用完才能充电。由于其化学特性，如果未用完电量就充电，会发生"镉中毒"现象，导致电池"记忆"了"最低电量"，下次充满时电量缩小，严重影响正常使用，因此镍镉电池渐渐被市场淘汰。

镍氢电池相较于镍镉电池提高了能量密度，减少了污染。更重要的一点是，镍氢电池没有"记忆效应"，因此不必像镍镉电池一样担心使用问题。铁镍电池及镍氢电池如图 1-5 所示。

（a）铁镍电池　　　　　　　　　　　　　　　（b）镍氢电池

图 1-5　铁镍电池及镍氢电池

镍氢电池已经是一种成熟的产品，国际市场上年生产镍氢电池数量超过 7 亿只，日本镍氢电池产业规模和产量一直高居各国前列，美国和德国在镍氢电池领域也开发和研制多年。我国制造镍氢电池的原材料（即稀土金属）资源丰富，已经探明其储量占世界已经探明总储量的 80% 以上。国内研制开发的镍氢电池原材料加工技术也日趋成熟。镍氢电池可以和锌锰电池、镍镉电池互换使用，今后圆形电池主要朝着产品规格的多样性和商业化方向发展，而方形电池的发展重点是作为动力车的动力源。

6. 锂离子电池

锂元素是由约翰·奥古斯特·阿韦德松于 1817 年发现的。锂的特性决定了它非常适合做高能量密度、高电压的电池。锂活性过高，因此遇到水或者空气都可能发生剧烈反应以至于燃烧和爆炸。如何"驯服"它，成了电池发展的关键。此外，锂作为阳极是无可厚非的，如何寻找一种适合作为阴极的材料成了研究者追逐的目标。

20 世纪 70 年代爆发过两次石油危机对全球经济和政治格局产生了深远的影响，英国科学家 M.斯坦利·惠廷厄姆决定致力于研发新的能源材料来摆脱石油的束缚。经过多年的实验和研究，M.斯坦利·惠廷厄姆最终采用硫化钛锂（Li_xTiS_2）作为锂离子电池的阴极材料，金属锂作为阳极材料，制成了一款锂离子电池。其电压可达到 2.5V，在几乎不损失电量情况下可循环 1100 次。但是，由于阳极材料中含有金属锂，而它的活性太高，因此该电池性能非常不稳定，容易燃烧或爆炸。

基于此发展，约翰·B.古迪纳夫也在研究阴极材料的改善，他预测氧化锂化合物比硫化锂化合物更合适。1980 年，约翰·B.古迪纳夫向外界展示了以钴酸锂（Li_xCoO_2）作为阴极材料的锂离子电池。这款电池采用石墨作为阳极材料，部分解决了"锂枝晶"问题，防止了内部短路，其选取的阴极材料将这款电池电压提高至 4V（甚至可以达到 5V），总体来说比 M.斯坦利·惠廷厄姆研发的锂离子电池性能好很多、安全很多。索尼公司将该项技术应用于生产，一跃成为锂离子电池"行业老大"。

吉野彰以约翰·B.古迪纳夫的锂离子电池为基础，将阳极材料由石墨改为石油焦。它们虽然同为碳元素组成，但是石油焦满足轻量化和耐久性要求。这款电池即使充放电几百次也不会失去性能。以上 3 位科学家因对锂离子电池技术做出卓越贡献，共同获得 2019 年诺贝尔化学奖。目前已经成熟应用的 21700 锂离子电芯和软包锂离子电芯如图 1-6 所示。

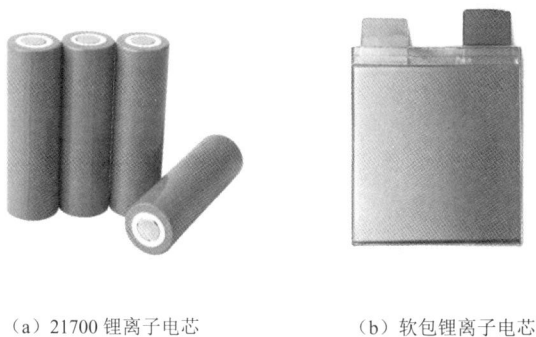

（a）21700 锂离子电芯 　　　　　　　　（b）软包锂离子电芯

图 1-6　21700 锂离子电芯和软包锂离子电芯

7. 燃料电池

燃料电池的原理由德国化学家克里斯提安·弗里德里希·尚班于 1838 年提出。英国物理学家威廉·格罗夫于 1839 年 2 月证明了尚班的理论并刊登于《科学的哲学杂志与期刊》，其后又把燃料电池设计草图于 1842 年刊登。当时的设计类似现今的磷酸燃料电池。

1955 年，通用电气公司的一位化学研究员汤马斯·格拉布，以磺化聚苯乙烯离子交换膜作为电解质，改革原始燃料电池。3 年后，通用电气公司的另一位化学研究员莱昂纳德·尼德拉克提出了将铂沉积在膜上面，铂作为氢气进行氧化反应和氧气进行还原反应必需的催化剂，成为"Grubb-Niedrach 燃料电池"。随即通用电气公司就和美国国家航空航天局及麦克唐纳飞行器公司共同发展这项技术，应用于"双子星座"计划，这成为燃料电池第一个商业上的应用。1959 年，英国的工程师弗朗西斯·托马斯·培根和他的同事成功地展示出第一个输出功率达 5kW 的实用级燃料电池系统。同年，由哈里·伊里格领导的团队制造出以 15kW 功率的燃料电池驱动的牵引车。1960 年，普惠公司获得培根专利的许可，将燃料电池当作太空计划中电力和水的来源。1991 年，罗杰·比林斯发明出世界首个用于汽车的氢燃料电池。如今，燃料电池在材料及制备上的技术有了长足的进步，但规模化应用还需要在高技术化和低成本化方面做更多的工作，才能进一步推广。燃料电池汽车如图 1-7 所示。

图 1-7 燃料电池汽车

微课

电动汽车的发展史

二、电动汽车的发展史

1. 电动汽车的早期发展阶段

1886 年，德国发明家卡尔·本茨制造了世界上第一台内燃机汽车，这是内燃机划时代的进步。然而在此之前，电动汽车就已经行驶在大街上。1867 年奥地利发明家弗朗茨·克拉沃格尔在巴黎世界博览会上向人们展示了一辆两轮电动车（见图 1-8）。1873 年，英国人罗伯特·戴维森首次在马车的基础上制造出一辆三轮电动车，车由铁锌电池提供动力。1884 年，英国发明家托马斯·帕克改进并重新设计了电池，这款电池容量更大，还可以再充电。随后他在伦敦制造了第一辆可规模化生产的电动汽车，比 1886 年卡尔·本茨发明出的三轮燃油汽车还早两年。1888 年，欧洲开始重视环境及能源问题，尤其英国和法国更是大力支持电动汽车的发展，工程师安德烈亚斯·弗洛制造出了德国的第一辆电动汽车（见图 1-9）。这个时候，世界各个主要发达国家都先后开始了对电动汽车的研发。1890—1891 年，威廉·莫里森制造出美国第一辆电动汽车，该电动汽车为 6 座客车，其速度能够达到 23km/h。

图 1-8 1867 年巴黎世界博览会展示的一辆两轮电动车

图 1-9　1888 年德国的第一辆电动汽车（重建于 2011 年）

随着铅酸电池技术的不断发展，电动汽车产品也得到了广泛的普及。19 世纪 90 年代末到 20 世纪初，人们对电动汽车的热爱达到了顶峰，电动出租车也在 19 世纪末问世。1912 年，美国已经开始大量生产电动汽车。到 1915 年，美国电动汽车年产量已经超过 5 000 辆，电动汽车保有量达到 50 000 辆。

在 20 世纪 20 年代初期，美国的汽车保有量中，蒸汽汽车占 40%，电动汽车占 38%，而内燃机汽车仅占 22%，显然电动汽车比燃油汽车更加受欢迎。

到 20 世纪 20 年代后期，燃油汽车的改进、道路基础设施的完善、价格合理的汽油的广泛应用、燃油汽车续航能力的加强，给电动汽车产业带来沉重的打击，福特的流水线成为压倒电动汽车产业的"最后一根稻草"。电动汽车的速度慢、适用范围小、续航里程短、价格昂贵，而燃油汽车在各方面都超越了电动汽车，电动汽车在 20 世纪初之后便逐渐失去其在汽车市场中的地位，慢慢地退到幕后。

2. 电动汽车的第二个发展阶段

第二次世界大战之后，世界经济进入高速发展阶段，欧美及东亚、南美等区域强劲的经济增长带动了全球不可再生资源的急剧消耗，加速了人类活动对自然的破坏，造成了严重的空气、水、土壤污染，导致了全球性三大危机：资源短缺、环境污染、生态破坏。

上述影响直接导致了著名的洛杉矶光化学烟雾事件，其发生于 1940—1960 年，为世界有名的公害事件之一。光化学烟雾是大量聚集的汽车尾气中的碳氢化合物在阳光作用下，与空气中其他成分发生化学作用而产生的有毒气体。这些有毒气体包括臭氧、氮氧化物、醛、酮、过氧化物等。洛杉矶在 20 世纪 40 年代已拥有 250 万辆汽车，每天大约消耗 1 100t 汽油，排出 1 000 多吨碳氢化合物、300 多吨氮氧化物、700 多吨一氧化碳。洛杉矶光化学烟雾事件致远离城市 100km 以外的海拔 2 000m 山上的大片松林枯死、柑橘减产。仅 1950—1951 年，美国因大气污染造成的损失就约 15 亿美元。1955 年，美国因洛杉矶光化学烟雾事件而引起呼吸系统衰竭死亡的 65 岁以上的老人达 400 多人；1970 年，约有 75% 以上的市民患上了红眼病。

1973 年 10 月，第四次中东战争爆发后，油价上涨 2 倍多，直接触发了第二次世界大战后最严重的全球经济危机。环境破坏及原油涨价，让高度依赖石油的欧美及日本等工业发达国家和地区产生了"石油恐惧症"，于是电动汽车迎来又一波发展机会，发达国家又开始了对电动汽车的研究。

1971 年 7 月 31 日，阿波罗 15 号登上月球部署了一辆月球车（见图 1-10）。月球车由波音公司和通用汽车公司的子公司研发制造，每个车轮配备一个直流驱动电机，以及一对 36V 银锌氢氧化钾不可充电电池。由于这一时期电池技术的局限性（仍采用铅酸电池），电动汽车在动力及里程上无法与内燃机汽车竞争，加上基础设施并不完善，不具备商业化的条件，仅靠环保和短暂的石油涨价推动，根本无法撼动燃油汽车的地位。

图 1-10　月球车

3. 现代电动汽车阶段

20 世纪 90 年代，全球经济高速发展，发达经济体已经逐渐进入高收入、低发展阶段。随着电池技术的突破，人们又开始关注环保，保护自己生存的环境成为发达国家的紧迫任务，绿色能源得到了前所未有的关注。著名的加州"电动汽车浪潮"，彻底宣布了电动汽车的回归。

这个阶段著名的电动汽车为通用 EV1（见图 1-11），其为续航里程达到 260km 的镍氢电池电动汽车，几乎代表了当时电动汽车技术的最高水平。

图 1-11　通用 EV1

21 世纪，电动汽车迎来真正的发展。这得益于电动汽车周边技术的发展，芯片控制能力更强，同时具备电池管理能力；锂离子电池在 20 世纪 80 年代被发明，并由索尼公司于 1990 年将其商业化。1997 年 12 月，丰田公司推出了普锐斯，并在 2000 年面向全球正式投产。截至 2017 年 1 月底，丰田公司在全球的混合动力车的累计销量已突破 1 000 万辆。

2008 年，全世界首款采用锂离子电池组的合法量产电动跑车特斯拉 Roadster 正式交付（见图 1-12）。初代 Roadster 还能看到路特斯车型的影子，它具备 320km 的续航里程，这在当时是不可思议的数据。截至 2012 年 12 月，特斯拉共交付 2 450 辆 Roadster 到消费者手中。2012 年，Roadster 停产。2017 年 11 月，特斯拉宣布推出 0～100 km/h 加速 2.1s 的新款 Roadster。

图 1-12　特斯拉 Roadster

中国自 2002 年以来即成为全球第二大电动汽车市场，自 2011 年以来电动汽车销量超过 15.7 万辆。日本自 2009 年以来销售超过 12 万辆电动汽车。欧洲市场则由荷兰、挪威、法国领头，自 2010 年以来，欧洲市场已登记超过 31 万辆轻型插电式电动汽车。在重型车领域中国则是世界领先者，截至 2015 年 8 月销售超过 6.5 万辆公共汽车和其他商用车。

截至 2018 年 12 月，全球插电式乘用车库存达到 510 万辆，其中包括 330 万辆（约 65%）纯电动汽车和 180 万辆（约 35%）插电式混合动力汽车。根据 2021 年 9 月的全球电动汽车市场报告，2021 年上半年全球电动汽车销量达到 260 万辆，同比增长 160%，电动汽车的销量增长速度远远超过了全球汽车市场总体销量的增长速度。根据中国汽车工业协会数据显示：2022 年中国汽车总销量为 2 686.4 万辆，实现了 2.1% 的同比增长；其中，新能源汽车总销量为 680 万辆，其市场占有率提升至 25.6%。

三、动力电池的系统功能分类

微课

动力电池的系统
功能分类

今天，各种类型的电动汽车随处可见，并且混合动力汽车早已离开试验阶段，已被大众广泛接受。与此同时，纯电动汽车和混合动力汽车均具备明显的市场活力。2020 年以后，许多消费者对微混合动力汽车和轻混合动力汽车已经有足够信心，并相继购车。然而纯电动汽车能否成为主流？这个问题很难回答。不过我们认为随着技术的发展，越来越多的人会倾向于纯电动汽车。

动力电池系统在整车上的功能是比较多样的，主要有发动机启停、发动机熄火滑行、制动能量回收、转向助力、辅助动力、油电混合驱动、电力直驱等。根据动力电池系统功能，将不同动力电动汽车分类如下（见表 1-1）。

表 1-1　不同动力电动汽车的种类及比较

比较项目	微混合动力汽车	轻混合动力汽车	强混合动力汽车	插电式混合动力汽车	纯电动汽车
电池类型	功率型	功率型	功率型	功率/能量型	功率/能量型
	铅酸、锂离子电池	镍氢、锂离子电池	镍氢、锂离子电池	锂离子电池	锂离子电池
电池组能量/（kW·h）	0.25～1	1～1.5	1.5～3	7～15	>15
油电混合比	5%	5%～25%	25%～50%	>50%	100%
最大节油效果	5%～10%	10%～20%	20%～35%	>50%	100%
电驱动里程/km	—	—	< 2	15～50	>120
功能	怠速时发动机启动/停止	减速时发动机停止，轻微的再生制动，电子助力	完整的再生制动，发动机循环优化，电动启动，允许纯电工作	可外接充电，再生制动，纯电行驶，具有混动模式	只可插电式充电，完全电力驱动，不可加油

1．混合动力汽车

我国于 2016 年联合发布了《轻型汽车污染物排放限值及测量方法（中国第六阶段）》（以下简称"国六"）。国六采用分步实施的方式，分为两个阶段——国六 A 和国六 B，分别于 2020 年和 2023 年正式实施。国六对气体和颗粒物排放的限值做了更加严苛的要求，例如国六 B 的一氧化碳限值从国五的 1 000mg/km 降低到 500mg/km，还增加了颗粒物数量的标准限值。在这样的大环境下，混合动力汽车应运而生，成为纯内燃机汽车和纯电动汽车的过渡方案。混合动力汽车可分为微混合动力汽车（Micro Hybrid Electric Vehicle，MHEV）、混合动力汽车（Hybrid Electric Vehicle，HEV）（包含表 1-1 中的轻混合动力汽车和强混合动力汽车）和插电式混合动力汽车（Plug-in Hybrid Electric Vehicle，PHEV）。

（1）微混合系统

比较典型的早期微混合系统产品为 12V 启停系统，其对汽车减排有一定效果。在拥堵的城市路况中，其能够减少 5%左右的二氧化碳排放。启停系统的原理为当车辆处于停止状态（非驻车状态）时，发动机将暂停工作（而非传统的怠速保持）；暂停工作的同时，发动机内的润滑油会持续运转，使发动机内部保持润滑；当松开制动踏板后，发动机将再次启动，此时，因润滑油一直循环，即使频繁地停车和起步，也不会对发动机内部造成磨损。启停系统在经常驻车的城市拥挤路况中被经常使用，在节能减排上有一定的效果，然而在郊区及高速路况上几乎没有作用。因此，近年来 48V 微混合系统逐渐取代了 12V 启停系统，成了微混合系统的代表。

现在大部分乘用车采用的是 12V 电气系统，但是 12V 电气系统的能力很有限，带不动大功率的设备。48V 微混合系统的基本思想就是通过把车用设备的标准电压提高到 48V，使得它能够带动更大功率的车载系统，实现与车上其他系统更好地整合。48V 微混合系统有更大容量的蓄电池、更大功率的电动机，所以比一般的启停系统能实现更多功能。例如车辆起步、短暂停车的时候，带 48V 微混合系统的动力总成可以采用纯电驱动，从而避开燃油汽车最耗油的起步阶段；刹车、滑行的时候，还可以通过发动机制动回收一部分动能，减少过程中的能量耗散；有一些 48V 微混合系统，甚至可以在发动机停机的状态下短暂接管空调，给空调压缩机供能，避免空调一并停机。相较于普通车型，48V 微混合系统可降低 10%～20% 的油耗，其代表车型有奥迪 A8L、博瑞 GE、凯迪拉克 XT5 混动版。微混合系统示意如图 1-13 所示。48V 电池组和 12V 电源系统包含交流/直流电压转换器、电池、电池控制器/电源系统配电单元。该系统还包含系统控制单元及其他设备。

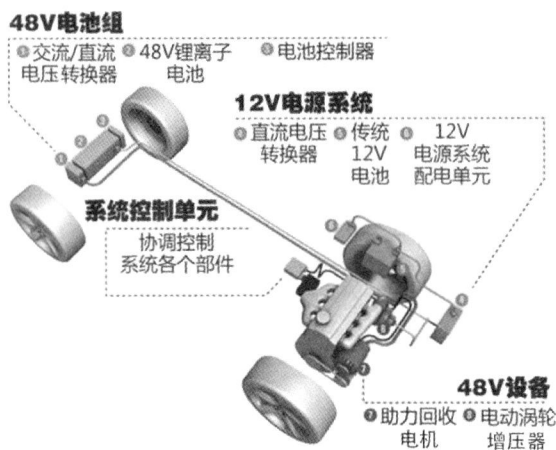

图 1-13　微混合系统示意

12V 启停系统和 48V 微混合系统，在节油减排上并没有十分明显的效果，只能起到一定的辅助作用，无法达到更低油耗及更低排放的长远目标。因此微混合系统只能作为传统燃油汽车的辅助升级，或者作为通往新能源汽车的过渡性产品。微混合动力汽车在近 5～10 年内具有一定的市场，当然最终仍会被节油效果更佳的混合动力汽车、插电式混合动力汽车和纯电动汽车取代。

（2）轻混合及强混合系统

微混合动力汽车与轻混合动力汽车/强混合动力汽车都使用混合动力（这里将轻混合动力汽车/强混合动力汽车统称为混合动力汽车），48V 微混合系统是否和日系主打的轻混合系统及我国强推的插电式混合系统区别不大呢？答案显然是否定的，它们完全不是一个级别的系统。48V 微混合系统主要用于存储刹车时回收的能量，在汽车起步、加速时给发动机助力。而以丰田 THS Ⅱ 为代表的轻混合系统，则用于调节发动机的工作点，让发动机运转在高效区间，在行驶所需能量不变的情况下，消耗更少的燃油。

混合动力汽车是指配备两个以上动力源（驱动装置）的车辆，目前以发动机和电动机的组合为主流。在车辆起步或低速行驶时以电动机为动力源，在高速行驶时以发动机为动力源，电动机和发动机互补可获得较好的驱动性能，节能减排的同时获得强劲的动力。

混合动力汽车的特点为电池容量小（1～5kW·h），无须外接充电，不用担心电池续航问题，电池可通过汽车行驶过程中的能量回收进行充电，同时也可以在车辆行驶过程中以发动机多余功率驱动充电。在混合动力汽车产业化方面，日本一直走在世界的前列，以丰田公司为代表采用双电机串联/并联式混合动力系统的技术路线，使得日本车企始终掌握着低油耗混合动力技术的主导权。其代表车型有凯美瑞双擎、雅阁锐•混动、普锐斯。混合动力汽车车型展示如图 1-14 所示。

图 1-14　混合动力汽车车型展示

第四代丰田普锐斯混合动力汽车，低配版采用镍氢电池组成的电池组，包含 168 个单体，其电压为 201.6V，质量为 53.3kg；高配版采用锂离子电芯组成的电池组，包含 56 个电芯，其电压为 207.2V，质量比镍氢电池组降低了 16kg。这一代丰田普锐斯混合动力汽车的部分车型在日本测试工况时取得 40km/L，换算结果为 2.5L/100km 的油耗。日本的工况测试比欧洲的更接近实际生活，丰田普锐斯混合动力汽车在现实道路上的油耗以 3L/100km 开头，已经完全可以满足 2020 年甚至 2023 年的油耗及碳排放指标。

除了丰田普锐斯混合动力汽车之外，丰田的混联式技术还广泛应用于雷克萨斯、卡罗拉、凯美瑞等车型。在丰田公司的带领下，各个车企纷纷推出了自己的混合动力汽车车型。

（3）插电式混合动力系统

插电式混合动力汽车，就是介于纯电动汽车与燃油汽车之间的一种新能源汽车，既有传统汽车的发动机、变速器、传动系统、油路、油箱等，也有纯电动汽车的电池、电动机、控制电路等，而且电池容量比较大，有充电接口。它综合了纯电动汽车和混合动力汽车的优点，既可实现纯电动、零排放行驶，也能通过混动模式增加车辆的续航里程。

插电式混合动力汽车的电池容量较大，有充电接口，可反复充电，可进行较长里程的纯电动行驶。在短途旅行中可使用纯电动模式，即使无法充电，也可以用燃油模式行驶。其既有电动汽车的优势，又有燃油汽车的优势。然而，一辆车要同时具备电动汽车及燃油汽车优势，其必须拥有两套完整的动力系统，这势必造成系统复杂、结构复杂、成本增加及质量增加问题。相比于传统燃油汽车，其又产生了一定的劣势。然而，随着基础设计的全面覆盖、电池技术的进步及成本的降低，插电式混合动力汽车将长期存在。

按照电机驱动功率占整车功率的比例（亦可称为混合度），一般可将插电式混合动力汽车分成 4 种类型：①微度混合动力，混合度为 5%以内；②轻度混合动力，一般混合度为 20% 左右；③中度混合动力，混合度可达 30%～40%；④重度混合动力，混合度一般为 40%以上。上述 4 种插电式混合动力汽车类型，随着混合度的增强，所需电机功率和电池包电能亦增大，节能减排的效果越好。按照驱动系统结构的不同可以将混合动力分成以下 3 种类型。

① 串联式插电式混合动力

串联式插电式混合动力，亦称为增程式。其发动机不直接驱动汽车，需要先由发动机驱动发电机来发电，再供电给电动机来驱动汽车，能量传递链较长，总体效率不高。目前代表车型有宝马 i3 增程式和广汽传祺增程式。串联式插电式混合动力系统结构示意如图 1-15 所示。

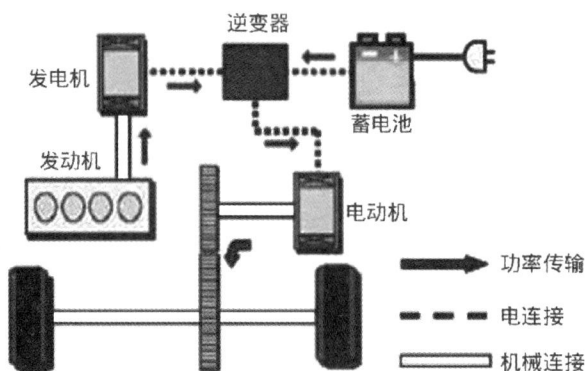

图 1-15　串联式插电式混合动力系统结构示意

这种类型的系统优点很明显，具有纯电动汽车运行安静、起步扭矩大的特点，可不使用变速箱，成本降低；因为发动机不直接驱动车轮，所以我们可通过优化控制系统，让发动机维持稳定的转速，油耗较低。

② 并联式插电式混合动力

并联式插电式混合动力下发动机和电机均可驱动汽车，动力传动模式较多，动力性较好，结构简单，应用广泛。混合动力汽车内只有一台电机，驱动车轮时充当电动机，不驱动车轮时充当发电机给电池充电。目前其代表车型有比亚迪秦/唐、长安逸动插电式混合动力系统、奇瑞艾瑞泽插电式混合动力汽车、宝马 530Le、奔驰 S500eL、奥迪 Q7e-tron、索纳塔插电式混合动力汽车等。并联式插电式混合动力系统结构示意如图 1-16 所示。

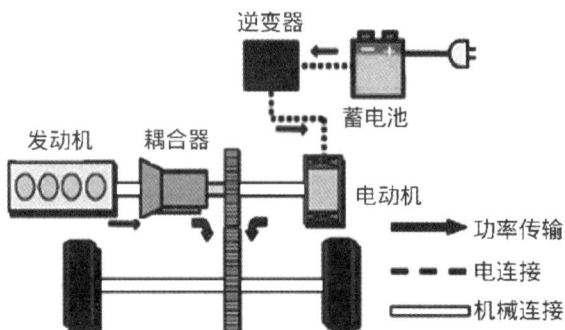

图 1-16　并联式插电式混合动力系统结构示意

并联式插电式混合动力的优点有：发动机和电动机同时驱动车辆，不会存在串联模式下的功率浪费问题；在纯电模式下，具有起步扭矩大、运行安静等优点；在混合动力模式下，具有良好的综合性能；其可在传统的燃油汽车上改进，成本较低。并联式插电式混合动力的缺点有：在混合动力模式下，发动机不能一直维持稳定的转速，增加了油耗；只有在城市堵车路况时才能充分发挥其优势，降低油耗；另外其电池储能比纯电动的低，不能长时间维持纯电动模式或者持续加速模式。

③ 混联式插电式混合动力

混联式插电式混合动力又可称为动力分流式。一般需要两台电机（一台发电机和一台电动机），同时需要一套用于动力分流的行星齿轮装置，其结构和控制十分复杂。一台电机仅用于驱动车轮，另一台电机既可作为动力源，也可作为发电机，以满足性能极限需求和正常行驶需求。目前只有少数的制造商具备生产和制造该类型产品的能力，且存在一定的专利壁垒。代表车型有丰田普锐斯和三菱欧蓝德等。混联式插电式混合动力系统结构示意如图1-17所示。

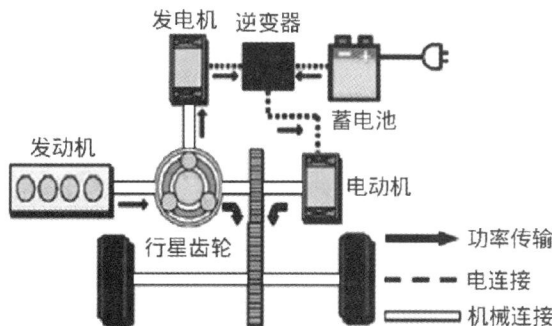

图 1-17　混联式插电式混合动力系统结构示意

混联式插电式混合动力的优点有：在纯电动模式下，起步有较大扭矩、运行安静；在串联模式（增程模式）下，发动机可一直维持稳定转速、油耗低；在并联模式下两台电机和发动机有着良好的配合，达到性能最优化。其缺点也很明显，如系统复杂程度大大增加、成本上升、技术要求增加等；系统存在多个模式，其控制技术要求也较为苛刻。

2. 纯电动汽车

纯电动汽车（Battery Electric Vehicle，BEV）是完全由可充电的电池提供动力源，以电机作为驱动系统的新能源汽车。纯电动汽车具有结构简单、能源效率高、噪声小、零排放等特点，可利用夜间用电低谷对动力电池进行充电，是最有发展潜力的新能源汽车之一。

（1）优点和缺点

纯电动汽车有以下优点。

① 环保：纯电动汽车采用动力电池组及电机驱动，工作时不会产生废气，无尾气污染，可以说几乎"零污染"。

② 低噪声：纯电动汽车不会像传统汽车那样发出噪声，它所产生的噪声可以忽略不计。

③ 经济：纯电动汽车使用成本低廉，只有燃油汽车的1/5左右，而且能量转换效率高，同时可回收制动、下坡时的能量。

④ 易保养：纯电动汽车采用电动机及电池驱动，只需定期检查电机、电池等组件即可。

⑤ 政策优：摇号中签率高，免征购置税等政策上的优势较为明显。

纯电动汽车有以下缺点。

① 续航里程短：目前纯电动汽车电池的能量密度无法与燃油汽车的相比，电池也受环境因素影响而无法满足较长的续航里程。

② 充电时间长：纯电动汽车电池一般正常的充电时间为 8h 左右，快速充电也需要 1～2h。

③ 配套设施不完善：目前国内的充电站分布还不能满足大体量纯电动汽车的需求，还需要一段时间建设基础配套设施。

（2）新能源车型现状

美国特斯拉汽车公司的 Model S 2021 款长续航版纯电动汽车（见图 1-18），是一款 5 门 5 座的中大型车，提供运动、标准/舒适及雪地 3 种驾驶模式切换，配备全速自适应巡航系统。驱动方式为双电机四轮驱动，前电机为永磁同步电机，最大功率和最大转矩分别为 202kW 和 404N·m；后电机为交流异步电机，最大功率和最大转矩分别为 285kW 和 440N·m。电机总的最大功率和最大转矩分别为 487kW 和 844N·m；0～100km 加速时间为 3.2s，100～0km/h 制动距离为 41.43m，最高车速为 250km/h，续航里程达到 652km。其所用电池为三元锂离子电池，电池容量为 100kW·h，支持快充电和慢充电，采用快充电，充电时间为 1h 左右；采用慢充电，充电时间为 10h 左右。

图 1-18　Model S 2021 款长续航版纯电动汽车

日本日产汽车公司的 2018 款日产聆风（Leaf）纯电动汽车，是一款 5 门 5 座掀背两厢轿车。驱动方式为电机前置前轮驱动，电机为永磁同步电机，电机的最大功率和最大转矩分别为 110kW 和 320N·m。其按照日本 JC08 标准续航里程达 400km，实际的新欧洲行车循环（New European Driving Cycle，NEDC）标准续航里程为 378km，美国环境保护署（Environmental Protection Agency，EPA）标准续航里程为 241km。电池为锂离子电池，电池容量为 40kW·h。有两种充电模式：快充模式下，充至电池电量的 80% 需 40min；慢充模式下，利用 3kW 充电器，电池充满电需 16h，利用 6kW 充电器，电池充满电需 8h。此外，其还提供了 V2G（车对电网）功能，所有的车辆都可以接入电网，并对电网反向输出电能。

巴伐利亚发动机制造厂股份有限公司（简称"宝马公司"）的宝马 i3 2019 款快充版纯电动汽车，是一款 5 门 4 座两厢小型车，提供标准、舒适及经济两种驾驶模式选择，配备定速巡航系统。驱动方式为电机后置后轮驱动，电机的最大功率和最大转矩分别为 125kW 和 250N·m，0～100km 加速时间为 7.3s，最高车速为 150km/h，续航里程达到 340km。电池为锂离子电池，电池容量为 33kW·h。采用快充电，电池充电时间为 0.7h；采用慢充电，电池充电时间为 4.9h。

知识扩展：动力电池应用现状和发展趋势

电池作为电动汽车的三大组件之一，是整个系统的动力来源，一直以来被视为电动汽车发展的重要标志性技术，占整车成本的 30%左右。而其性能的好坏也直接关系到车辆续航里程的长短。作为动力电池系统的核心，储能电池的选择至关重要，这直接关系到新能源汽车的续航里程、使用寿命、动力性能、成本等指标。

1. 动力电池应用现状

结合新能源汽车发展的历程可知，最先开展该类汽车研发和推广的国家是日本，该国利用混合动力汽车开拓了新能源汽车的市场。之后，美国的新能源汽车研发制造厂，如特斯拉等，在对日本方面有关经验进行借鉴后，推出了锂离子电池类纯电动汽车。该类新型汽车的推出，让欧洲各国/地区都将目光集中在新能源汽车上，期望以此改善燃油汽车带来的污染状况。

国内对新能源汽车的研发、制造是在 21 世纪的初期。例如 2008 年，在国内有关政策的支持下，新能源汽车迎来了它的发展元年，其市场活力不断增长。近年来，随着各国对新能源汽车的推广，我国的国产汽车公司也进行了如油电混合式新能源汽车的推出，部分非汽车领域公司也发现了新能源汽车这一领域的发展前景，纷纷加入该领域进行企业品牌的打造。

2. 动力电池发展趋势

（1）技术瓶颈

由于现有政策及需求对电池能量密度有越来越高的要求，新能源汽车动力电池主流采用锂离子电池。锂离子电池对安全和轻量化的需求逐渐成为行业的技术瓶颈。

在近十多年的电池行业研究中，已确定锂电芯的安全问题与材料有很大的关联性。比如不同正负极材料的锂离子电池，安全性差异较大。磷酸铁锂电芯的能量密度较低，但其热稳定性更好，三元电芯的能量密度较高，但其安全性较差，选择前者无疑有利于提高电池安全性。最关键的是锂离子电池电解液本身便是可燃性材料，因此全球许多锂离子电池研究机构都在研究利用难燃性的电解液，或者阻燃性的添加剂，来改善锂离子电池的安全性。然而，这些开发技术多数仍然不够成熟，通常会影响电池效能或者寿命，因此无法被市场接受。以现阶段新能源汽车推广应用的实践经验而言，锂离子电池起火风险始终是无法避免的安全议题。

（2）发展趋势

① 安全性能的提升

纯电动汽车安全事故引起广泛关注，对于电池产品的开发，可基于温度、氧气和可燃物管理隔离及能量和热时空速度控制的安全保护思路，通过层层的安全设计来保证系统的安全性。最新研究成果"过热自动断电技术"，在电池发生热失控的情况下，可及时阻断电池继续工作。在动力电池材料体系方面，动力电池体系按照 3 个阶段发展：2020 年以前，以三元/石墨体系为主；2020—2030 年，全固态电池、富锂层状氧化物/硅基逐步成熟；2030 年以后，锂/空气电池等逐步成熟。新材料和新技术的发展最终将致力于解决汽车安全问题，使得电池安全技术走向成熟。

② 规模化引起成本降低

动力电池生产制造成本的降低是有关企业重视的重要问题之一。其主要方式可分为：利用技术升级实现电池体系的优化，提升其实际使用寿命，以此来降低成本；对电池生产的体系进行改变，以规模化电池生产，利用规模经济实现单位产品的生产成本降低；做好资源回收工作。

③ 制造方式趋于智能化

在互联网领域飞速发展的环境下，动力电池生产领域也随之发生了变化——越发趋于智能化。新一代信息技术对制造业有一定的冲击，例如物联网技术可提升物流效率、增强零件追溯、提升研发效率等；大数据技术可对从研发到销售的所有环节中的数据进行挖掘、整合和分析，以其中的有效信息为后续电池的生产、升级提供价值信息；源于人工智能的智能制造技术和智能制造系统将变革生产模式，智能制造系统不仅能够在实践中不断地充实知识库，而且具有自主学习能力，还具有搜集与理解环境信息和自身的信息来进行分析、判断和规划自身行为的能力。智能化生产技术在为企业节省更多人力资源成本的同时，还能利用智能化生产的规范化、机械化来避免发生生产制造的失误，为企业带来更多生产效益。

【项目实训】

实训工单 1-1　了解电动汽车所用动力电池及系统类型

通过此实训工单，学生能够加深对电动汽车上的动力电池类型的了解。通过对比各类动力电池特性，学生能够充分了解各类电池的优缺点、技术进步的基本原理等。后附实训工单 1-1。

实训工单 1-2　了解动力电池产业链

通过此实训工单，学生能够区分各个主要动力电池产业链构成、了解产业链各环节的具体分工、了解其主要供应商和各自的特点、加深对动力电池行业现状的了解等。后附实训工单 1-2。

【项目小结】

本项目首先介绍了电池和电动汽车的发展史，使学生充分了解储能技术和汽车技术不断完善的过程，明白各类技术的关键点；然后介绍了动力电池的系统功能分类，通过系统功能学生可充分了解动力电池的应用技术；通过知识扩展学生可了解动力电池应用现状和发展趋势。实训工单 1-1 能够加深学生对本项目知识点的理解，实训工单 1-2 可以使学生对电芯市场有初步的了解。通过实训工单中的思考与练习，学生可巩固学习效果，提高分析问题和解决问题的能力。

项目二
汽车动力电池原理及指标

【项目目标】

学习本项目，学生应该达到以下目标。

知识目标

（1）了解动力电池的种类及原理。

（2）了解动力电池性能指标。

（3）了解动力电池行业术语。

（4）了解动力电池标准。

能力目标

（1）能够简述各种常见动力电池的原理。

（2）能够简述动力电池的各项性能指标及使用场景。

（3）能够简述动力电池行业的基本术语并在讲述中灵活使用。

（4）能够简述动力电池标准。

素养目标

（1）培养敬业精神和服务意识。

（2）培养沟通、合作和进一步学习的能力，逐步形成良好的职业心理素质。

【项目导入】

纵观电池发展历史，出现了各种各样的电池。新型电池体系的出现以及电池在应用中的不断更新，使得电池的性能得到了显著提高。在电动汽车领域，动力电池经过一代代的技术革新而变得更加低廉和高效。

在电动汽车领域，不同时期、不同类型的产品会选用不同种类的电池作为能量来源，不同种类的电池有什么样的区别和特点？常用的电池检测手法和标准又有哪些？带着这些问题我们进入本项目的学习。

【知识准备】

微课

动力电池的种类及原理

一、动力电池的种类及原理

动力电池是电动汽车的动力来源，也是能量的存储装置。动力电池从诞生至今已发展出数十种，包括铅酸电池、镍镉电池、镍氢电池、铁镍电池、钠氯化镍电池、银锌电池、钠硫电池、锂离子电池、空气电池、燃料电池、太阳能电池、超级电容器及飞轮电池等。可用于电动汽车的动力电池根据反应原理分类如下。

化学电池，也就是利用物质的化学反应发电的电池。这类电池是目前世界上研发最成功的动力电池之一。化学电池可以按照电池的特性分为高容量电池、密封电池、高功率电池、免维护电池及防爆电池等。

物理电池，也就是利用光、热或者物理吸附等物理能量发电的电池，特点是能够在常温、常压条件下进行能量转换，如太阳能电池、超级电容器及飞轮电池等。

生物电池，也就是利用生物酶、微生物或者叶绿素的生物化学反应发电的电池，如微生物电池、酶电池及生物太阳电池等。图 2-1 所示为化学电池、物理电池和生物电池示意。

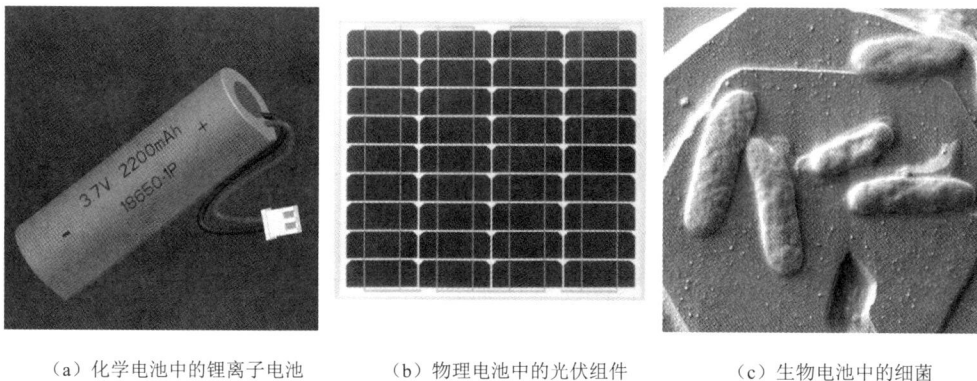

（a）化学电池中的锂离子电池　　　（b）物理电池中的光伏组件　　　（c）生物电池中的细菌

图 2-1　化学电池、物理电池和生物电池示意

其中，化学电池可进一步划分，如下。

① 按电解液种类划分

碱性电池：以氢氧化钾水溶液为电解液主要成分的电池，如碱性锌锰电池、镍镉电池、镍氢电池等。

酸性电池：以硫酸水溶液为电解液的电池，如铅酸电池等。

中性电池：以盐溶液为电解液的电池，如锌锰干电池、海水激活电池等。

有机电解液电池：以有机溶液为主要电解液的电池，如锂离子电池、锂离子电池等。

固态电池：以固体电解质代替液体电解液的电池，包含半固态电池和全固态电池等。

② 按工作性质、使用和贮存方式划分

一次电池：又称"原电池"，也就是不可再充电电池，通常放电完一次后就只能遗弃，如锌锰干电池、二氧化锰干电池、锌汞电池、一次性银锌电池、锂原电池等。

二次电池：又称"蓄电池""充电电池"，可以在放电后用充电的方法将活性物质复原，使其再次放电，如铅酸电池、镍镉电池、镍氢电池、锂离子电池、锂聚合物电池、锂铁电池、锌空气电池等。

燃料电池：又称"连续电池"，也就是活性材料在电池工作时才能连续、不断地从外部加入电池，电池本身只是一个反应载体，如氢氧燃料电池、质子交换电池、磷酸燃料电池、熔融碳酸盐燃料电池、固体氧化物燃料电池、直接甲醇燃料电池、肼-空气燃料电池、再生型燃料电池等。

储备电池：又称"激活电池"，这种电池在贮存时正负极活性物质不直接接触电解液，只有使用时才加注电解液，如镁氯化银电池（又称海水激活电池）、钙热电池、镁电池、铅高氯酸电池等。

当然，某些电池可以根据需求设计成不同类型的电池，如锌银电池可以设计成一次电池，也可以设计成二次电池或者储备电池。

③ 按电池所用正负极材料的特性划分

锌系列电池：如锌锰电池、锌银电池等。

镍系列电池：如镍镉电池、镍氢电池等。

铅系列电池：如铅酸电池等。

锂系列电池：如锂镁电池等。

空气（氧气）系列电池：如锌空气电池等。

二氧化锰系列电池：如锌锰电池、碱锰电池等。

各种电池的特点不同，各具优势的同时也都存在着不足。在成本、体积、质量等方面的差异导致各种电池的应用场合各不相同。表 2-1 所示为不同种类电池的性能比较。

表 2-1　不同种类电池的性能比较

电池种类	单位电池电压/V	比能量/(W·h·kg⁻¹)	比功率/(W·kg⁻¹)	循环寿命/次	优点	缺点
铅酸电池	2.0	35～40	50	400～1 000	技术成熟、原料丰富、价格低、温度特性好	比能量和比功率较低、寿命短、存在铅毒污染等
锂离子电池	3.6	110	300	>1 000	比能量大、寿命长	成本高，需要有保护电路
锂聚合物电池	3.8	150	315	>300	比能量大、电压高、自放电小、超薄化	成本高
镍氢电池	1.2	55～70	160～500	600	放电倍率高、免维护	自放电大、单体电压低
超级电容器	—	小	1000	>10 000	比功率大、寿命超长	比能量小
飞轮电池	—	较小	大	长	比功率大、寿命长	比能量较小

综合考虑当今国内外常用的动力电池，以下我们选择铅酸电池、镍氢电池及锂离子电池等进行重点介绍。

1. 铅酸电池

铅酸电池是由法国物理学家普兰特在 1859 年发明的。这也是最早出现并投入商用的可充电电池。图 2-2 所示为普兰特在 19 世纪绘制的铅酸电池示意图。

铅酸电池不仅具有化学能和电能转换效率较高、充放电循环次数多、端电压高及容量大等特点，还具有防酸、防爆及耐腐蚀等性能。因价格低廉、原料易得、性能可靠、容易回收和适用于大电流放电等特性，铅酸电池已经成为世界上产量最大、用途最广泛的蓄电池品种之一。铅酸电池经过 100 多年的发展，技术不断更新，现在已经被广泛应用于汽车、电力、铁路等各个领域。以产品的结构形式划分，铅酸电池可以分为开口式、富液免维护式、玻璃丝棉隔板吸附式、阀控密封式和阀控胶体式等几大类。

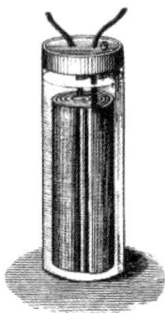

图 2-2　普兰特在 19 世纪绘制的铅酸电池示意图

（1）工作原理

铅酸电池是以二氧化铅（PbO_2）作为正极，海绵状金属铅（Pb）作为负极，以浓度为27%～37%的硫酸（H_2SO_4）溶液作为电解液的电池。铅酸电池主要由正极板、负极板、电解液、隔板、电池槽和接线端子等组成。将正极和负极浸入电解液中，以隔板为电绝缘材料将两极分隔开，此时，两极之间会产生 2V 左右的电势差。图 2-3 所示为铅酸电池充放电原理示意。

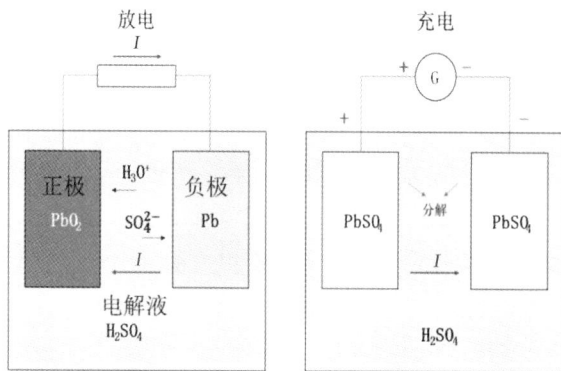

图 2-3　铅酸电池充放电原理示意

① 放电时的电极反应

放电时，通过负载电阻 R 接通外部电路，作为正极活性材料的二氧化铅被还原成硫酸铅（$PbSO_4$），作为负极活性材料的铅被氧化成硫酸铅，具体的化学式如下。

正极反应：$PbO_2 + 4H_3O^+ / 4H^+ + SO_4^{2-} + 2e^- \rightarrow PbSO_4 + 6H_2O / 2H_2O$

负极反应：$Pb + H_2SO_4 \rightarrow PbSO_4 + 2H^+ + 2e^-$

由于正负两极活性物质在电池放电后都转化为了硫酸铅，因此称作"双硫酸盐化反应"。

② 充电时的电极反应

在对电池进行充电时，原理刚好相反。充电过程的主要目的是使得电池恢复到可以放电的状态，所以正负极发生放电时的逆反应。逆反应本身不会自发进行，需要在正负极之间施加一定的电势差才能激发逆反应。也就是在电池外接直流电源，使正负极在放电后生成的物质恢复成原来的活性物质，把外界施加的电能转换成化学能存储起来。此时两极反应的化学式如下。

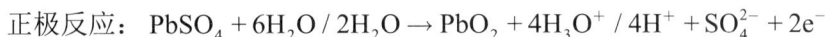

正极反应：$PbSO_4 + 6H_2O / 2H_2O \rightarrow PbO_2 + 4H_3O^+ / 4H^+ + SO_4^{2-} + 2e^-$

负极反应：$PbSO_4 + 2H^+ + 2e^- \rightarrow Pb + H_2SO_4$

由于外加电场的作用，正极的硫酸铅失去电子，铅从正二价变为正四价，与水继续反应，最终生成二氧化铅。在负极上，硫酸铅得到电子，因此负极板附近游离的二价铅离子变为零价的铅，并以绒状铅的形式附在负极板上。

电池的总反应化学式如下。

$$PbO_2 + Pb + 4H^+ + 2SO_4^{2-} \rightleftharpoons 2PbSO_4 + 2H_2O$$

在电池反应过程中，电解液中的硫酸起导电的作用，同时也参与电池反应。但是参加反应的并不是硫酸氢根离子，而是硫酸根离子。

早期开口式铅酸电池由于氢气和氧气析出并从电池中直接逸出，不能进行气体的再复合，需要对电池加酸、加水进行维护。阀控密封式铅酸电池则能够实现氧气的复合再利用，同时抑制氢气的析出，从而弥补了传统铅酸电池的缺点。我国电动自行车用电池中，阀控密封式铅酸电池占比超过 90%。

（2）阀控密封式铅酸电池的主要特点

阀控密封式铅酸电池的优点主要有以下几点。

① 自放电率小、寿命长、结构紧凑、密封性好、抗振动性能好及比容量高等。

② 电池的高低温性能较好，可在-40～50℃的温度内使用。

③ 电池具有较好的经济性，制造及维护成本低，无记忆效应。

④ 电池失效后的回收利用技术比较成熟，回收利用率高。

与镍氢电池和锂离子电池相比，铅酸电池有许多不足之处，其中较突出的是比能量较低，一般为 30～50(W·h)/kg，其次是循环寿命短，通常为 50～500 次。除此之外，在制造和使用的过程中，铅酸电池会产生一定的污染（铅和硫酸）或者发生爆炸（氢气析出）。以上这些都制约了铅酸电池的发展。

（3）应用状况

目前阀控密封式铅酸电池的比能量已经可以超过 40(W·h)/kg，能量密度超过 80(W·h)/L，并且可以实现快速充电。其广泛应用于叉车、场地车、观光车及电动自行车上。

2. 镍氢电池

镍氢电池由氢离子和金属镍合成，是一种碱性电池。与传统的铅酸电池相比，镍氢电池具有更高的比能量和更长的循环寿命。

1899 年，瑞典科学家瓦尔德马·容纳发明了镍镉电池，1901 年，托马斯·爱迪生在此基础上研制出了镍铁电池。1969 年，荷兰飞利浦公司发现了在室温条件下具有良好吸放氢性能的 $LaNi_5$ 合金，从而引发了人们对稀土系贮氢材料的研究。在 20 世纪下半叶，镍氢电池成了研究热点。图 2-4 所示为镍氢电池的发展示意。

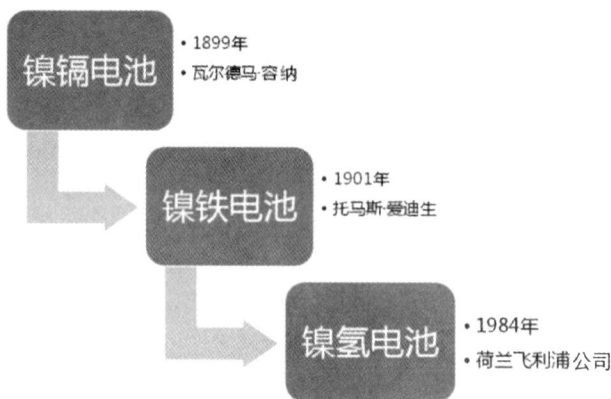

图 2-4　镍氢电池的发展示意

　　由于具有优良的充放电效能、高容量、高能量密度及无污染的优点，镍氢电池很快成了二次电池市场的主流产品。

　　镍氢电池以氢氧化镍为正极材料，储氢合金为负极材料，由隔膜纸、电解液、壳体、顶盖和密封圈等组成。从外观上，通常分为圆形和方形两种。图 2-5 所示为镍氢电池的两种形状示意。

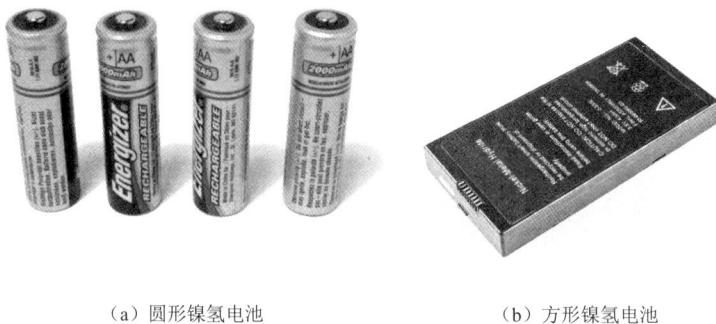

（a）圆形镍氢电池　　　　　　　　　　（b）方形镍氢电池

图 2-5　镍氢电池的两种形状示意

（1）工作原理

① 放电时的电极反应

　　放电时，负极中固溶的氢原子扩散至合金表面，与电解液中的 OH^- 发生电化学反应并生成水。而正极材料中的三价镍被还原成二价，由水解离产生的 H^+ 进入正极材料的晶格，最终将 $NiO(OH)$ 还原成 $Ni(OH)_2$。具体的化学式如下（其中 M 为贮氢合金）。

　　正极反应：$NiO(OH) + H_2O + e^- \rightarrow Ni(OH)_2 + OH^-$

　　负极反应：$MH + OH^- \rightarrow M + H_2O + e^-$

② 充电时的电极反应

　　在充电过程中，$Ni(OH)_2$ 的镍被氧化，失去一个电子成为三价镍，与此同时，羟基脱去一个 H^+，在正极材料与电解液界面处电解液中结合生成水。在负极材料表面，水分子被催化还原成一个氢原子和一个 OH^-。氢原子吸附在合金表面成为吸附氢，之后通过扩散作用进入合金形成金属氢的固溶体。具体的化学式如下。

正极反应：$Ni(OH)_2 + OH^- \rightarrow NiO(OH) + H_2O + e^-$

负极反应：$M + H_2O + e^- \rightarrow MH + OH^-$

电池的总反应化学式如下。

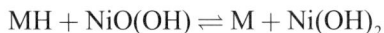

$$MH + NiO(OH) \rightleftharpoons M + Ni(OH)_2$$

镍氢电池的正负极上所发生的反应属于固相转变机制，不额外生成和消耗电解液，正负极都具有较高的稳定性，因此可以实现密封和免维护。负极容量大于正极容量的设计，加上储氢金属合金起到储氢和参与电化学反应的双重作用，使得正极在过充析出的 O_2 和过放析出的 H_2 都能被储氢金属合金负极吸收，故镍氢电池具有良好的耐过充、过放能力。

（2）主要特点

镍氢电池的开路电压为 1.2～1.3V，开路电压会因储氢材料和制备工艺不同而有所差异。镍氢电池的优点如下。

① 能量密度高，在单体标称 1.2V 的电压下，比能量可为 70～80(W·h)/kg，比功率可达 200W/kg。

② 镍氢电池由于没有铅、硫酸及镉等污染，全密封、免维护，又被称为"绿色电池"。

③ 具有高倍率的放电特性，短时间内能以 3C 的倍率放电，瞬时脉冲放电率很大。

④ 过充电性能好，能够带电快速充电，并且可以随充随放，支持在 15min 内充满 60% 的电，1h 充满电。

⑤ 在实际使用中循环寿命较长。

但是镍氢电池的缺点也很明显，如下。

① 在温度太高或者太低的环境下，镍氢电池的放电效率会大大降低。

② 相比于铅酸电池，镍氢电池的价格较高，约为相同容量铅酸电池的 5～8 倍。

③ 自放电损耗较大。

④ 存在记忆效应和充电发热等问题。

（3）应用状况

随着近年来混合动力电动汽车产业化，镍氢电池越发受到了广泛的关注，有着更广阔的发展和应用前景。

近年来，作为镍氢电池主要原材料的金属镍的价格持续走高，而镍氢电池能量密度发展并不足以满足高续航里程的要求，因此其在汽车动力方面的应用受到一定的限制。

3. 锂离子电池

锂离子电池按照不同的标准有如下分类。

按照外壳材质分：铝塑膜软包锂离子电池、金属外壳（钢壳、铝壳）锂离子电池。

按照外形分：纽扣式锂离子电池、圆柱形锂离子电池、方形锂离子电池、软包锂离子电池。

按照电解质状态分：液态锂离子电池、聚合物锂离子电池、全固态锂离子电池。

按照正极材料分：钴酸锂离子电池、钛酸锂离子电池、锰酸锂离子电池、磷酸铁锂离子电池、三元锂离子电池（镍锰钴酸锂离子电池）。

（1）构造

以圆柱形锂离子电池为例，锂离子电池由正极、负极、隔膜、电解液、安全阀和外壳等部分组成。

① 正极

正极材料主要有钴酸锂、锰酸锂、磷酸铁锂和三元锂等。从目前锂离子电池正极材料电化学性能来看，钴酸锂（$LiCoO_2$）电池充放电电压平稳、循环性能较好，应用广泛。但钴（Co）资源稀少、成本较高、环境污染较大、抗过充性能较差，使得钴酸锂发展受到限制，目前已有企业在研发无钴电池。锰酸锂（$LiMn_2O_4$）电池具有充放电电压高、环境友好、价格低廉和安全性能好的优点，但存在 Jahn-Teller 效应，导致其尖晶石结构由立方相向四方相转变，并且其电化学性能，高温时金属离子溶解而导致循环寿命较短。磷酸铁锂（$LiFePO_4$）电池作为国内锂离子电池已商业化的正极材料，具有安全性能高、循环寿命长、价格低廉、环保等优点，但其橄榄石结构限制了 Li^+ 的传输、扩散，导致其导电性能较差，因此影响了倍率性能，加上比容量不高，限制了其应用。三元锂（$LiNi_xCo_yMn_{1-x-y}O_2$）是目前市场主流的正极材料，其作用在于降低材料成本，提高材料安全性和结构稳定性，常见的配比有111、424、523、622、811等，其中的数字指的是 Ni、Co、Mn 元素的配比。三元锂正极材料因具有良好、均衡的综合性能，被称为锂离子电池的首选材料，目前应用非常广泛。

正极活性物质中加入导电剂、树脂黏合剂并涂覆在铝基体上，呈细薄层分布。

② 负极

锂离子电池主要的负极材料有锡基、锂基、钛酸锂、碳纳米、石墨烯等。锂离子电池负极材料的能量密度是影响锂离子电池能量密度的主要因素之一。近年来，锂离子电池负极材料朝着高比容量、长循环寿命和低成本方向发展。

负极活性物质主要是碳材料与黏合剂的混合物，再加上有机溶剂调和成糊状的物质。其涂覆在铜基上，呈薄层状分布。

③ 隔膜

锂离子电池中隔膜的功能是关闭和阻断。隔膜一般由聚乙烯或聚丙烯材料的微多孔膜制成。关闭或者阻断功能是指在电池出现温度异常升高时，关闭或阻断作为离子通道的细孔，使得蓄电池停止充放电反应。隔膜的存在可以有效地防止因外部短路等引起过大电流而使得电池异常发热的情况发生。

④ 电解液

锂离子电池中的电解液以混合溶剂为主要组成部分。为了溶解各类锂盐溶解质，电解液必须具有高电容率，并且具有与锂离子相容性好的溶剂，也就是以不阻碍离子移动的低黏度的有机溶液为宜。电解质是 $LiPF_6$，可溶解在各类有机电解质中。

（2）工作原理

锂离子电池以锂碳化合物作为负极，锂化过渡金属氧化物作为正极，液体有机溶液或者固体聚合物作为电解液。充电时，正极发生氧化反应，锂离子从正极脱出，经过电解质和隔膜嵌入负极，正极处于"贫锂"状态，负极处于"富锂"状态。与此同时，电子的补偿电荷从外部电路经过充电设备移动到负极，保证负极电荷平衡。放电时则相反，锂离子从负极脱出，经过电解液嵌入正极，此时正极处于富锂状态，负极处于贫锂状态。以字母 J 代表钴（Co）、镍（Ni）和锰（Mn）等金属元素，充放电时的电极反应如下。

正极反应：$LiJO_2 \rightarrow Li_{1-x}JO_2 + xLi^+ + xe^-$

负极反应：$nC + xLi^+ + xe^- \rightarrow Li_xC_n$

电池总反应：$LiJO_2 + nC \rightleftharpoons Li_{1-x}JO_2 + Li_xC_n$

图 2-6 所示为锂离子电池充放电原理示意。

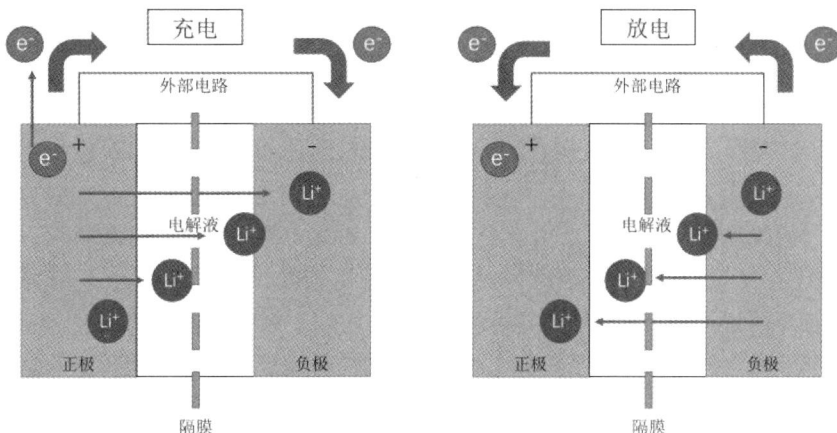

（a）充电时锂离子电池的工作原理示意　　　　（b）放电时锂离子电池的工作原理示意

图 2-6　锂离子电池充放电原理示意

（3）主要特点

锂离子电池主要优点如下。

① 工作电压高，磷酸铁锂离子电池的工作电压为 3.2V，锰酸锂离子电池的工作电压为 3.7V。

② 比能量高，可达 200(W·h)/kg。

③ 有较好的循环寿命，可达 1 000 次以上，磷酸锂离子电池的循环寿命超过 2 000 次。

④ 自放电率低，月自放电率低于 10%，相比于铅酸电池和镍系列电池，长期存储对电池损耗较小。

⑤ 无记忆效应，电池可以在没有完全放电的情况下进行充电，较镍氢电池和镍镉电池更易于维护。

⑥ 无有害物质，相较于铅酸电池和镍系列电池中的镍镉电池，常用锂离子电池中不包含汞、铅、镉等有害物质。

锂离子电池缺点如下。

① 成本较高，相比铅酸电池和镍系列电池，锂离子电池的价格相对较高。

② 耐过充和过放能力较差，容易引发安全事故，因此需要额外的特质保护电路。

③ 抗滥用性能及热稳定性较差，在不当使用或发生事故时，由于材料特性容易导致燃烧及爆炸等危险情况发生，因此一般需要另外配置多重安全保护机制。

（4）应用状况

电动汽车不耗油、低噪声、操作方便、环境友好等优越性促使其被越来越多的人接受。普通轿车每百千米油耗为 9～10L，同等条件下电动汽车消耗电能约为 15kW·h。而近期 1L

汽油与 1kW·h 电能的价格比大约是 11∶1。近年来，在全球各国政府的大力支持和推动下，锂离子电池技术迅速发展。作为纯电动汽车的独立电源，锂离子电池的比能量还需要进一步提高；作为混合动力汽车的辅助电源，锂离子电池在性能、寿命、安全性等方面表现出强大的优势。

全球有许多知名汽车制造企业都在致力于研发采用锂离子电池作为动力来源的电动汽车，比如中国的比亚迪，美国克莱斯勒、福特，日本日产、三菱、丰田，韩国现代等。

（5）命名规则

① 纽扣式锂离子电池的型号用 4 位数表示，前两位数表示直径，后两位数表示厚度。以 2032 型纽扣式锂离子电池为例，20 表示电池的直径为 20mm，32 表示电池的厚度为 3.2mm。

② 圆柱形锂离子电池的型号用 5 位数表示，前两位数表示直径，第三、四位数表示高度。以应用较为广泛的 18650 电池为例，18 表示电池的直径为 18 mm，65 表示电池的高度为 65mm，0 表示为圆柱形锂离子电池。

③ 方形锂离子电池的型号用 6 位数表示，前两位数表示电池的厚度，中间的两位数表示电池的宽度，最后两位数为电池的高度。以 206513 电池为例，20 表示电池的厚度为 20mm，65 表示电池的宽度为 65mm，13 表示电池的高度为 13mm。

4. 其他种类电池

（1）燃料电池

燃料电池是一种将化学能直接转变为电能的电化学反应装置，通常由多孔渗透的阳极、阴极和电解质组成。按照所用原始燃料类型的不同，燃料电池大致可分为氢燃料电池、甲烷燃料电池等。

（2）超级电容器

超级电容器又称为电化学电容器、双电层电容器、黄金电容、法拉电容。

（3）飞轮电池

飞轮电池也称为飞轮储能器，是利用飞轮高速旋转储存和释放电能的装置。

飞轮电池中有一个电机与飞轮同轴，充电时该电机以电动机形式运转，在外电源的驱动下，电机带动飞轮高速旋转，也就是用电给飞轮电池充电，以增加飞轮的动能；放电时该电机则以发电机状态运转，飞轮高速运转带动电机发电以对外输出电能，从而完成将机械能转换为电能的过程。

二、动力电池性能指标

微课

动力电池性能指标

1. 基本性能指标

动力电池作为电动汽车的储能器和动力来源，在电动汽车领域发挥着非常重要的作用。用于电动汽车的动力电池，应当满足以下几个要求。

① 持续、稳定的大电流放电能力，保证汽车的持续运行速度。

② 具备短时大电流放电能力，保证汽车在加速和上坡时有足够的动能支持。

③ 能够一次携带大量能源，保证汽车有一定的续航里程。

为了评定动力电池的实际性能，需要查看电池的性能指标。电池的基本性能指标包括电压、内阻、容量、能量、功率、效率、放电电流和放电深度、荷电状态、自放电、使用寿命等。根据电池的种类不同，其性能指标也各不相同。

（1）电压

电压分电动势、端电压、开路电压、工作电压、额定电压、放电终止电压、充电电压及充电终止电压等。表 2-2 所示为电池电压相关性能。

表 2-2　电池电压相关性能

名称	定义	备注
电动势	电池断路时两极的平衡电位之差	用 E 来表示
端电压	电池正极与负极之间的电位差	用 V_t 表示，有时指代电动势，通过热力学函数计算而得
开路电压	无负荷情况下的电池电压	一般开路电压与电池的端电压近似，但开路电压不等于电池的电动势，而是由实际测量获得。开路电压取决于电池的荷电状态、温度、以往充放电历史（记忆效应）或其他相关因素
工作电压	在某负载下的实际放电电压，电池放电初始的工作电压又称为初始电压	工作电压通常是一个范围，如某锂离子电池的工作电压为 2.8～4.2V
额定电压	指该电化学体系电池在常温下工作时公认的标准电压	如某锂离子电池的额定电压为 3.6V
放电终止电压	放电终止时的电池电压值。依负载、电池的放电率、使用环境、使用要求不同而异	如铅酸电池的放电终止电压为 1.5～1.8V；镍镉电池的放电终止电压为 1.0～1.1V；锂离子电池的放电终止电压为 3.0V 左右
充电电压	外部电路直流电压对电池充电时的电压，一般充电电压要大于电池的开路电压，并且在一定的范围内	如镍镉电池的充电电压为 1.45～1.5V；锂离子电池的充电电压为 4.1～4.2V；铅酸电池的充电电压为 2.25～2.7V
充电终止电压	蓄电池充足电时，极板上的活性物质已经达到饱和状态，如果再继续充电，电池电压也不会继续上升，此时的电压称为充电终止电压	如铅酸电池的充电终止电压为 2.3V；镍镉电池的充电终止电压为 1.75～1.8V；镍氢电池的充电终止电压为 1.4～1.6V；锂离子电池的充电终止电压为 4.25V

（2）内阻

电流通过电池内部时受到阻力，使得电池的电压降低，这种阻力就称为电池的内阻。电池在短时间内的稳态模型被看作一个电压源，其内部阻抗等效为电压源内阻，内阻大小决定了电池的使用效率。电池的内阻越大，其自身损耗的能量越多，端电压越低，电池的使用效率越低。表 2-3 所示为电池内阻相关性能。

表 2-3　电池内阻相关性能

内阻类型	分类/定义	备注
欧姆内阻	正负极板电阻	由板栅电阻和活性物质电阻构成。板栅在活性物质内层，充放电时不会发生化学变化，因此其是材料固有电阻；活性物质电阻会随着电池充放电状态不同而变化
	电解液电阻	阻值随电解液相对密度和温度变化而变化，温度升高时，内阻会下降；温度降低时，内阻会增大
	隔板电阻	阻值视隔板孔率不同而各不相同，新电池的隔板电阻接近一个固定值，随着电池运行时间的增加，隔板电阻会有所增加
	连接体电阻	包括单体电池串联时连接条等金属的固有电阻、电池极板间的电阻，如电池组内安装固定、连接良好，连接体电阻可以视为固定电阻
极化内阻	指蓄电池正负极进行电化学反应时极化引起的内阻，随电池内部电化学反应所产生的极化而水平波动	电解液密度过高或者过低都会引起内阻增大

每个电池对外呈现的内阻就是上表各类欧姆内阻和极化内阻的总和，电池内阻 R_S 与电动势 E、端电压 V_t 及放电电流 I_f 之间的关系如下。

$$R_S = \frac{E - V_t}{I_f}$$

由此可见，内阻并不是一个常数，充放电过程中会随着时间不断变化。由于内阻的存在，电池放电时的端电压低于电动势和开路电压，而充电时的端电压则高于电动势和开路电压。

（3）容量

电池在充满电后，在一定的放电条件下所释放出的电量，以符号 C 来表示。其单位为安时（A·h）或者毫安时（mA·h）。容量（Capacity）与放电电流大小有关，也与充放电终止电压有关。表 2-4 所示为电池容量相关性能。

表 2-4　电池容量相关性能

名称	定义	备注
理论容量（C_0）（计算容量）	假设电极活性物质全部参加电池的电化学反应所能提供的最大电量	根据法拉第定律计算得到的最高理论值
实际容量（C）	电池在一定放电条件下实际放出的电量，其值小于理论容量	实际容量反映了电池实际存储电量的大小。国家标准规定：新出厂的电池实际容量大于额定容量即为合格电池
标称容量（公称容量）	在指定放电条件（一般指在 0.2C 时）的放电容量	用来鉴别电池实际容量的一个近似值
额定容量（C_g）（保证容量）	在设计和制造电池时，按照国家或者相关部门颁布的标准，保证电池在一定的放电条件下能够放出的最低限度的电量	按照 GB/T 31486—2015，额定容量是室温下完全充电的蓄电池以 1I₁（A）电流放电，达到终止电压时所放出的容量（Ah）。I₁:1 小时率放电电流

续表

名称	定义	备注
质量比容量	单位质量的电池所能输出的电量	用于不同种类电池的性能比较
体积比容量	单位体积的电池所能输出的电量	

实用中的化学电池，其实际容量总是低于理论容量，而通常高于额定容量10%～20%。

电池在工作中通过正极和负极的电量总是相等的，但在实际电池的设计和制造中，正负极的容量一般不相等，电流的容量受容量较小的电极限制。实际电池中大多是正极容量限制整个电池的容量，负极容量则过剩。

（4）能量

能量是指在一定放电条件下，电池所输出的电能。理论能量是指在一定标准规定的放电条件下，电池所输出的电能。实际能量是指在一定标准下实际输出的电能。能量的单位为W·h或者kW·h。

比能量（质量比容量）是指单位质量的电池所输出的电能，单位是(W·h)/kg。能量密度（体积比容量）是指单位体积的电池所输出的电能，单位是(W·h)/L。

电池的比能量影响电动汽车的整车质量和续航里程，是评价电动汽车的动力电池是否满足预定的续航里程要求的重要指标之一。

（5）功率

功率为电池在一定放电条件下，单位时间内输出的能量，单位是瓦（W）或者千瓦（kW）。

比功率（质量比功率）为单位质量的电池输出的能量，单位是W/kg或者kW/kg。

功率密度（体积比功率）为单位体积的电池输出的能量，单位是W/L。

比功率/功率密度越大，表明在单位时间内，单位质量或者体积的电池输出的能量越多，也表示该型号电池能用较大的电流放电。比功率和功率密度因为可以直接衡量电池的放电能力，所以是评价电池优劣的重要指标之一。

（6）效率

动力电池作为能量存储器，充电时把电能转化成化学能，放电时把电能释放出来。在这个可逆过程中，有一定的能量损耗。通常用电池的容量效率和能量效率来表示。

容量效率为电池放电时输出的容量与充电时输入的容量之比。影响电池容量效率的主要因素是副反应。当电池充电时，有一部分电量消耗在水的分解上。此外，自放电、电极活性物质的脱落、结块、孔率收缩等也会降低容量输出。

能量效率为电池放电时输出的能量与充电时输入的能量之比。影响电池能量效率的主要因素是电池内阻的存在，其使得电池充电电压增加，放电电压下降。内阻的能量以电池发热的形式损耗掉。

（7）放电电流和放电深度

在讨论电池容量或者能量时，必须指出电池的放电电流大小或者放电条件，通常用放电率来表示。放电率有两种，分别是放电时率和放电倍率。

放电时率是以一定的放电电流放完额定容量所需的时间，是以放电时间表示的放电效率，通常用C_n来表示，其中C为电池的额定容量，n为一定的放电时长。车用电池一般用20h放电时率来表示容量，标记为C_{20}。如果某电池标记为50A·h（C_{20}），表示其额定容量为

50A·h，放完电需要 20h。

放电倍率是指电池在规定时间内放出额定容量所输出的电流值，数值上等于额定容量的倍数。如果某电池额定容量为 50A·h，则其 1C 放电电流为 50A，0.5C 放电电流为 25A。0.5C 以下称为低放电倍率，0.5～3.5C 称为中放电倍率，3.5C 以上称为高放电倍率。

放电深度（Depth Of Discharge，DOD）即放电程度，为放电容量与额定容量的百分比。浅循环蓄电池的 DOD 不应超过 25%，深循环蓄电池的放电深度可达到 80%。如果一颗容量为 100A·h 的电池，放电后容量变为 40A·h，则称为 60%DOD。一般来说，放电次数越多、放电深度越大，电池的寿命越短。

（8）荷电状态

荷电状态（State Of Charge，SOC）是指在一定放电倍率下，剩余电量与相同条件下额定容量的比值。SOC 为 100% 时电池为充满电状态，随着电池的放电，电池的电荷数逐渐减少。其较难获取，变化是非线性的。一般蓄电池的放电高效率区为 50%～80%SOC。

（9）自放电

对所有化学电源来说，即使在与外部电路完全没有接触的条件下开路放置，容量也会自然衰减，这种现象称为"自放电"，也称为"荷电保持能力"。影响自放电率的主要因素是电池存储的温度和湿度。温度升高会加快电池的自放电，环境湿度太大也会加快电池的自放电。此外，温度过高或者过低都会严重损害电池的整体性能，因此建议将电池存放在常温、低湿的环境下。

（10）使用寿命

电池的使用寿命是指电池在规定条件下的有效寿命期限。当电池发生内部短路或者因损坏而不能使用，以及容量达不到规范要求时电池使用失效，这时视为电池使用寿命终止。

循环寿命是指在一定的充放电制式下，电池在容量降低到某一规定值（一般为额定容量值的 80%）之前能经受的充放电次数。充电一次和放电一次称为一个充放电周期或一个循环。

循环寿命是衡量二次电池性能的一个重要参数，循环寿命越长，代表电池的性能越好。电池的寿命受很多因素影响，其中包括放电深度、温度、充放电制式等。同一电池，在不同的充放电制式下，其使用寿命是不同的；减少放电深度（也就是"浅放电"）可以大大延长二次电池的充放电循环寿命。例如，1C 充放电下，某个电池的循环寿命为 500 次；但在 10C 充放电下，该电池的循环寿命可能就只有 150 次。

（11）电池一致性

电池一致性是指同一规格型号的单体电池或电池组，其电压、荷电量、容量、内阻、寿命、温度影响、自放电率等参数存在一定的差别。这种差异主要表现在两方面：在制造过程差异引起的单体原始差异和在装车使用时的环境差异引起的单体退化差异。

（12）抗滥用能力

电池的抗滥用能力主要指电池对短路、过充电、过放电、振动、撞击、挤压及高温或者火烧等非正常使用场景的容忍程度。

2. 性能指标的影响因素

（1）电池组容量影响

影响铅酸电池、镍氢电池容量的因素主要有以下几点。

① 构造因素

电池内极板的厚薄、面积和间距都会影响活性物质的利用率。极板厚度越薄，活性物质的利用率就越高，电池容量就越大；极板的面积越大，能够同时参与反应的反应物质量就越大，电池容量也就越大；同极性极板中心距越小，电池内阻就越小，电池容量也就越大。

② 放电电流

放电电流越大，单位时间内参与反应的电解液也越多，极板孔隙内电解液的快速消耗造成外部电解液还来不及渗入极板，孔隙就被硫酸铅堵塞，从而导致极板内部活性物质不能参与化学反应，因此电池容量减小。

③ 电解液温度

电解液温度降低时，电解液的黏度会增大，离子运动速度会变慢；此外，极板的收缩使得极板表面的孔隙缩小，电解液难以渗入内层，从而使得电池放电容量下降。一般来讲，在正常的范围内，电解液温度每下降 1℃，电池容量约下降 1%。

④ 电解液密度

当电解液密度适当增加时，电池的电动势及电解液的渗透能力就会得到提高，从而使内阻变小，进而使电池容量增大。然而当电解液密度过大时，其黏性会增加，从而阻碍电解液渗透能力，致使电池内阻增大，最终导致电池的电压及容量减小。

影响锂离子电池容量的决定性因素是正极活性物质，也受到体系中其他因素影响。

（2）电池寿命影响

影响电池组循环寿命的主要要素是电池容量的衰减。影响电池容量衰减的因素主要有以下几点。

① 电池组的使用工况

电池组的使用工况主要指电池组的充电方式、放电倍率及放电深度。使用过程中，电池组的过充电和过放电都会严重影响电池组的寿命。此外，长期深度放电下电池组的寿命比浅放电下的电池组寿命短，充放电功率超出最佳充放电电流时将加速电池容量衰减。

② 电池组的连接方式

电池组的连接方式将影响电池组内阻的大小，同样也会导致电池组内连接电阻、电池组间电阻的变化。

③ 电池组的使用环境

电池组的使用环境包括环境温度及振动特性等方面。当环境温度高于或者低于电池最佳工作温度时，都将对其使用寿命产生不利的影响。

对车载电池而言，电池组在车辆上的安装位置将决定其通风和散热环境，而电池组各部分的温度不同又将加大电池间的不一致性，从而影响电池组的使用寿命。此外，车辆运行时产生的振动也会对电池之间的连接、电池内极板的固定、电解液的流动产生影响，进一步影响电池的使用寿命。

（3）电池的一致性

电池组的寿命在很大程度上取决于电池组的一致性。根据对电池组的影响，电池的一致性有 3 种分类：容量一致性、电压一致性和内阻一致性。

根据电池组中单体电池的数量考虑，电池组中单体电池数量越多，电池一致性的差别也就越大。

三、动力电池行业术语

微课

动力电池行业术语

1. 汽车行业术语

（1）汽车类型

电动汽车：以车载电池为动力源的汽车，是新能源汽车之一。

纯电动汽车：仅以车载动力电池或相关发电源为动力，用电机驱动车轮行驶的一种新能源汽车。其具有噪声小、零排放、零污染等特点，但当前市场价格较高，电池储能密度不够高导致其续航里程较短，且电池造价相对昂贵。

混合动力电动汽车：由两种或者两种以上不同类型能量源和与之相对应的驱动系统为汽车提供动力，且各驱动系统可以单独或者联合工作的汽车。混合动力电动汽车是在找到理想车载电源之前，纯电动汽车发展受阻而出现的一种过渡式产品。

串联式混合动力电动汽车：驱动力仅来源于电动机的动力，电能通过电动机控制器输出给电动机，并由其驱动车辆行驶的一种混合动力电动汽车类型。

并联式混合动力电动汽车：由电动机及发动机同时或者分别单独提供驱动力的混合动力电动汽车。在不同的情况下，可以选择单独使用发动机或者电动机驱动汽车，也可以同时使用多种动力源驱动汽车行驶。

混联式混合动力电动汽车：既可以工作在串联式混合模式，也可以工作在并联式混合模式下的混合动力电动汽车。

非插电式混合动力电动汽车：传统混合动力电动汽车，车载电池主要依靠发动机带动车载发电机发电或者制动时的回馈电能来充电。

插电式混合动力电动汽车：可以外接电源直接对车载电池进行充电的混合动力电动汽车。

燃料电池电动汽车：以燃料电池装置产生的电能为动力源的汽车。

（2）汽车电路系统

发电机：将机械能或者其他能量转换为电能的装置。

电动机：将电能转换为机械能输出的装置。

驱动电动机：为车辆提供行驶驱动力的电动机。

变换器：使电气系统的一个或多个特性（如电压、电流等）发生变化的装置。

逆变器：将直流电转换为交流电的变换器。

斩波器：将输入的直流电压以一定的频率通断，从而改变输出的平均电压的变换器。

整流器：将交流电转换为直流电的变换器。

冷却装置：用于冷却电动机及其控制系统的装置。

再生制动：将一部分能量转换为电能储存在储能装置内的制动过程。

电压控制方式：通过改变电动机端电压而实现转速控制的控制方式。

电流控制方式：通过改变电动机绕组电流而实现转速控制的控制方式。

蓄电池：能将所获得的电能以化学能的形式贮存，并能将化学能转变为电能的一种电化学装置。

动力蓄电池：为电动汽车动力系统提供能量的蓄电池。

2. 电网术语

（1）外部电网系统

直流电：电流方向不随时间变化而变化的电流，是外部电源对电池进行充电时常用的电流形式。

交流电：电流方向随时间变化而变化的电流。

（2）充电系统

充电器：控制和调整电池充电的电能转换装置。

车载充电器：固定安装在车上的充电器。

非车载充电器：车辆行驶过程中，不固定安装在车上的充电器。

部分车载充电器：部分元件安装在车上，另一部分元件不安装在车上的充电器。

充电电缆：给电动汽车充电用的连接线。

充电连接器：充电电缆与电动汽车的连接装置。

充电插头、插座：给电动汽车充电用的设备最前端与电动汽车连接的装置，以及电动汽车上与其对应连接的接口。

充电控制器：对充电过程进行控制的装置，会实时监控充电电流大小、电池的电压变化及系统各部位的温度变化等。

3. 电池行业术语

（1）记忆效应

记忆效应是指一些电池在没有完全放电之前就重新充电，这时电池会记忆自己此时的容量，并在下次充放电循环中将其作为放电的终点。尽管电池本身的容量损耗允许电池放电到比这个点更低的程度，但在此后的充放电过程中，电池只会记得这一次的最低容量，具体表现为电池容量的明显损失。这一过程在电池的正常充放电过程中不可逆，因此也被称为电池的可逆失效。这一效应主要表现在镍系列电池如镍镉电池或者镍氢电池中，在其他类型的电化学电池中表现较小或者并不存在此效应。此效应产生的深层原因是电池内部生长的枝晶。

排除电池的记忆效应需要通过一系列特别的充放电动作来完成。先通过正常充电达到完全充电状态，之后以大电流放电至终点电压，再以小电流放电至完全放电状态，然后以$0.5C_5A$的恒流充电 20h 以上以保证电池正负极都达到完全充电要求，最后常规放电到完全放电状态。经过多次循环操作后就可消除此前的电池记忆效应。但这一系列操作会损坏电池，进一步影响电池的寿命。

（2）充电

充电为蓄电池从充电设备（一般是直流电源）中获得电能并储存的过程，充电容量（蓄电池所充入的电量）以 A·h 为单位。充电方式有以下几种。

恒压充电：保持充电设备端电压始终不变的一种充电方式。

恒流充电：保持充电设备输出电流不变的一种充电方式。

涓流充电：为补充自放电，使蓄电池保持在近似完全充电状态下的连续小电流充电方式。

浮充电：随时对蓄电池进行恒压充电，使其保持一定的荷电状态的充电方式。在间歇使用的蓄电池或者交流电源中断后仍旧使用的蓄电池中，平常会以较小的电流对蓄电池进行连续充电。

均衡充电：为确保蓄电池组中所有单体电池电荷状态均匀的一种延续充电方式。

脉冲充电：以脉冲电给蓄电池充电的方式。

感应式充电：利用电磁感应对蓄电池进行充电的方式。

传导式充电：与感应式充电相对应，直接通过电传导系统对蓄电池进行充电的方式。

（3）放电

放电为蓄电池供给外部电路负载电流的过程，放电容量（蓄电池所放出的电量）以 A·h 为单位。

（4）单体电池

单体电池是构成动力电池模块的最小单元，一般由正极、负极、电解质及外壳组成，可实现电能与化学能之间的直接转换。电池单体也被称为"电芯"。

（5）电池模块

电池模块为一组经过单体电池并联组成的组合，这一组合的额定电压与单体电池的额定电压相等，容量为并联电池单体的数量与单体电池容量的乘积，可作为一个单元替换。

（6）电池模组

电池模组为一组经过多个电池模块串联组成的组合体，这个电池组合体的容量与其中电池模块的总容量相等，额定电压为串联电池模块的数量与单个电池模块的额定电压的乘积。

（7）电池系统

电池系统又称为电池包或者电池板，其中包括电池模组、电池箱、电池管理系统及其他辅助元器件等。

（8）电解液

电解液是液态或者固态物质，主要起正负极间的离子导电作用，有些还会参与电池内部的电化学反应。

（9）极板

极板是由活性物质和支撑用的导体板栅组成的电极，分为正极板和负极板。正极板具有较高的电极电位，负极板具有较低的电极电位。对于不同类型的电池，其极板材料各不相同。

（10）隔板

隔板也称为隔膜，是安置在电池的正负极板之间，有大量微孔、允许离子穿过的电绝缘材料板。隔板能完全阻止正负极在电池内部直接短路，通常由聚乙烯（Polyethylene，PE）、橡胶、塑料、复合玻璃纤维等非金属材料所制成。

（11）电池管理系统

电池管理系统为可以控制蓄电池输入和输出功率，监视蓄电池状态（温度、电压、电流、SOC 等）的系统。

（12）活性物质

活性物质为电池中参与电化学充放电反应的物质。

（13）漏液

漏液指电解液泄漏到电池外部的现象。

（14）内部短路

内部短路指蓄电池内部正极与负极之间发生短路的现象。

（15）晶枝

晶枝指电池极板材料表面不均引发的离子电化学反应中离子沉积不均匀，在一些部位产生树枝一样的结晶的现象。镍氢电池中生长的晶枝会使得电池产生记忆效应，锂离子电池中生长的晶枝会刺穿隔板，从而引发电池内部短路，造成安全隐患。

四、动力电池标准

微课

动力电池标准

1. 标准的分类

动力电池作为电动汽车的重要组成部分，其性能直接影响汽车的各项重要指标，包括启动、加速和续航等。因此，在动力电池生产和使用过程中，必须遵循严格的标准，以便进行市场管理及监督。目前，我国实行的标准主要包括国家标准、行业标准、地方标准和企业标准。

国家标准：中华人民共和国国家标准，简称"国标"，由在国际标准化组织和国际电工委员会（或称国际电工协会）代表中华人民共和国的会员机构——国家标准化管理委员会发布。国家标准相当于产品的基本保障标准，其他标准制定时相关数据不能低于国家标准。其缺点是周期长，难以适应行业的改革及更新。强制性国家标准冠以"GB"，推荐性国家标准冠以"GB/T"。

行业标准：行业标准是对没有国家标准而又需要在全国某个行业范围内统一的技术要求所制定的标准。行业标准不得与有关国家标准相抵触。有关行业标准之间应保持协调、统一，且不得重复。行业标准由国务院有关行政主管部门制定，并报国务院标准化行政主管部门备案。当同一内容的国家标准公布后，则该内容的行业标准即废止。

地方标准：地方标准是由地方（省、自治区、直辖市）标准化行政主管部门或专业主管部门批准、发布，在某一地区范围内统一的标准。对没有国家标准、行业标准而又需要在省、自治区、直辖市范围内统一的技术要求，可以为其制定地方标准。

企业标准：企业标准是指企业制定的产品标准和对企业内需要协调、统一的技术要求，以及管理、工作要求所制定的标准。

行业标准、地方标准、企业标准等可在"国家标准信息查询"等网站通过关键字或者编码查询，表2-5所示为蓄电池的部分国家标准。

表2-5 蓄电池的部分国家标准

序号	标准编号	标准名称	发布日期	实施日期
1	GB/T 40098—2021	电动汽车更换用动力蓄电池箱编码规则	2021-05-21	2021-12-01
2	GB 38031—2020	电动汽车用动力蓄电池安全要求	2020-05-12	2021-01-01
3	GB/T 31486—2015	电动汽车用动力蓄电池电性能要求及试验方法	2015-05-15	2015-05-15
4	GB/T 31484—2015	电动汽车用动力蓄电池循环寿命要求及试验方法	2015-05-15	2015-05-15

国家标准、行业标准、地方标准、企业标准 4 类标准共存共荣、互相补充。以国家标准为基础、行业标准为提高、企业标准为引领，其目的是提高质量、提升技术，在国际社会上赢得更加强有力的话语权。一般来说，国家标准规定基础的、通用的内容，在全国范围内实施；行业标准作为国家标准的补充和提高，在行业内实施；企业标准在企业内执行，一般反映企业的先进技术和竞争力。

行业标准和企业标准都是对国家标准的细化和提高，一些先进的科学技术和原则可以优先在行业和企业内实施，也有助于提高在行业和国际上的竞争力。比如，GB/T 31486—2015 中的过充测试要求用制造商充电方法充至其规定充电截止电压的 1.1 倍或 115%SOC 后停止充电，测试产品应不起火、不爆炸。但企业根据自身的生产能力和技术能力，可以将技术要求提升到 1.2 倍或 120%SOC，这样就可以制定严于国家标准的企业标准，作为提高市场竞争力的手段。

如果国家标准对某项内容尚无规定，行业和企业就可以先制定标准对其进行规范，待条件成熟时上升为国家标准。但是，根据《中华人民共和国标准化法》的规定，行业标准、企业标准等的技术要求不得低于国家标准的技术要求，鼓励制定高于国家标准要求的企业标准，禁止利用标准搞垄断、限制竞争、妨碍商品流通的行为。

2. 电动汽车用动力蓄电池安全要求

安全标准一直是汽车行业最重要的标准之一，下面我们将以 GB/T 31486—2015 为例进行简单的阐述。

（1）安全要求

安全要求分为单体电池的安全要求及电池包或系统的安全要求。

① 单体电池的安全要求

按照 GB/T 31486—2015 中单体电池安全性试验方法，电池单体进行过放电试验、过充电试验、外部短路试验、加热试验、温度循环试验、挤压试验，应不起火、不爆炸。

② 电池包或系统的安全要求

按照 GB/T 31486—2015 中电池包或系统安全性试验方法进行试验。试验包含振动试验、机械冲击试验、模拟碰撞试验、挤压试验、湿热循环试验、温度冲击试验、盐雾试验、高海拔试验、过温保护试验、过流保护试验、外部短路保护试验、过充电保护试验、过放电保护试验等。以下列举部分内容以供学习。

振动试验、机械冲击试验及模拟碰撞试验：电池包或系统按照 GB/T 31486—2015 中的描述进行振动试验、机械冲击试验及模拟碰撞试验，应无泄漏、外壳破裂、起火或爆炸现象，且不触发异常终止条件。试验后的绝缘电阻值应不小于 $100\Omega/V$。

挤压试验：电池包或系统按照 GB/T 31486—2015 中的描述进行挤压试验，应不起火、不爆炸。

湿热循环试验：电池包或系统按照 GB/T 31486—2015 中的描述进行湿热循环试验，应无泄漏、外壳破裂、起火或爆炸现象。试验后 30min 之内的绝缘电阻值应不小于 $100\Omega/V$。

温度冲击试验：电池包或系统按照 GB/T 31486—2015 中的描述进行温度冲击试验，应无泄漏、外壳破裂、起火或爆炸现象。试验后的绝缘电阻值应不小于 $100\Omega/V$。

盐雾试验：电池包或系统按照 GB/T 31486—2015 中的描述进行盐雾试验，应无泄漏、外壳破裂、起火或爆炸现象。试验后的绝缘电阻值应不小于 100Ω/V。

高海拔试验：电池包或系统按照 GB/T 31486—2015 中的描述进行高海拔试验，应无泄漏、外壳破裂、起火或爆炸现象，且不触发异常终止条件。试验后的绝缘电阻值应不小于 100Ω/V。

过温保护试验：电池包或系统按照 GB/T 31486—2015 中的描述进行过温保护试验，应无泄漏、外壳破裂、起火或爆炸现象，且不触发异常终止条件。试验后的绝缘电阻值应不小于 100Ω/V。

过流保护试验：电池包或系统按照 GB/T 31486—2015 中的描述进行过流保护试验，应无泄漏、外壳破裂、起火或爆炸现象，且不触发异常终止条件。试验后的绝缘电阻值应不小于 100Ω/V。

外部短路保护试验：电池包或系统按照 GB/T 31486—2015 中的描述进行外部短路保护试验，应无泄漏、外壳破裂、起火或爆炸现象。试验后的绝缘电阻值应不小于 100Ω/V。

过充电保护试验：电池值包或统按照 GB/T 31486—2015 中的描述进行过充电保护试验，应无泄漏、外壳破裂、起火或爆炸现象，且不触发异常终止条件。试验后的绝缘电阻值应不小于 100Ω/V。

过放电保护试验：电池包或系统按照 GB/T 31486—2015 中的描述进行过放电保护试验，应无泄漏、外壳破裂、起火或爆炸现象。试验后的绝缘电阻值应不小于 100Ω/V。

（2）试验方法

试验方法分为单体电池安全性试验方法和电池包或系统安全性试验方法。

电池单体安全性试验方法包含过放电、过充电、外部短路、加热、温度循环和挤压等。具体方法请翻阅 GB/T 31486—2015。

电池包或系统安全性试验方法中包含振动、机械冲击、模拟碰撞、挤压、湿热循环、浸水、热稳定性、温度冲击、盐雾、高海拔、过温保护、过流保护、外部短路保护、过充电保护、过放电保护等。具体方法请翻阅 GB/T 31486—2015。

知识扩展：动力电池行业标准与组织

动力电池的发展在国内外都受到了广泛关注，各主要国际标准化组织及汽车工业发达国家都将电动汽车及其动力电池标准作为工作的重点之一，相继发布了一系列标准。虽然各项动力电池标准的测试项目和方法各不相同、各有特点，但越来越多标准关注的侧重点开始由单体电池和模块逐渐转向电池整体系统；在关注基本性能的同时更关注安全可靠性测试，且测试项目和测试方法也在不断地完善，使得标准更符合电动汽车的实际使用特点。

1. 行业相关标准

（1）国家标准

国家标准用"国标"二字拼音首字母 GB 开头，T 是"推荐"的拼音首字母，GB/T 系列标准表示国家推荐标准，标准名称最后 4 位为修订年份；行业标准以 QC 开头。表 2-6 所示为汽车蓄电池相关国家标准。

表 2-6　汽车蓄电池相关国家标准

标准代号	标准名称	标准内容及适用范围
GB/T 19596—2017	电动汽车术语	规定了与电动汽车相关的术语及其定义；适用于电动汽车整车、电机及控制器、蓄电池及充电机
GB/T 18385—2005	电动汽车 动力性能 试验方法	规定了纯电动汽车的加速特性、最高车速及爬坡能力等的试验方法；适用于纯电动汽车
GB/T 18384—2020	电动汽车安全要求 第1部分：车载可充电储能系统（REESS）	规定了电动汽车 B 级电压（交流电 30～1 000V，直流电 60～1 500V）驱动电路系统的车载可充电储能系统的要求，从而确保车辆内部、外部人员及车辆环境的安全；适用于车载驱动系统的最大工作电压是 B 级电压的电动汽车
GB/T 18384—2020	电动汽车安全要求 第2部分：操作安全和故障防护	针对电动汽车所具有的危险规定了操作安全和故障防护要求，以保护车辆内外人员的安全；适用于车载驱动系统的最大工作电压是 B 级电压的电动汽车
GB/T 18384—2020	电动汽车安全要求 第3部分：人员触电防护	规定了电动汽车电力驱动系统和传导连接的辅助系统（如果有）防止车内及车外人员触电的要求；适用于车载驱动系统的最大工作电压是 B 级电压的电动汽车
GB/T 38031—2020	电动汽车用动力蓄电池安全要求	规定了电动汽车用动力蓄电池的安全要求、试验方法和检验规则；适用于装载在电动汽车上的锂离子蓄电池和金属氢化物镍蓄单体电池和模块，其他类型蓄电池可以参照执行

（2）国际标准

表 2-7 所示为汽车蓄电池相关国际标准。

表 2-7　汽车蓄电池相关国际标准

标准号	标准名称
UN38.3	《联合国危险物品运输试验和标准手册》的第 3 部分 38.3 款，可充电型锂离子电池操作规范
IEC 62281	锂原电池和蓄电池在运输中的安全要求
IEC 60254	铅酸牵引电池
IEC 61056	通用铅酸电池（阀控式类型）
IEC 62840	电动汽车电池交换系统
ISO 18243	电动轻便摩托车和摩托车
ISO 6469	电动道路车辆 安全规范

2. 行业相关组织

（1）国际标准化组织

国际标准化组织（International Organization for Standardization，ISO）是一个由各国标准组织代表组成的国际标准制定机构。针对电动汽车行业的标准，由该组织旗下道路车辆技术委员会电动汽车标准分技术委员会负责起草。

（2）国际电工委员会

国际电工委员会（International Electrotechnical Commission，IEC）是一个国际标准化

组织，负责制定和发布所有电气、电子及相关技术的国际标准。IEC 标准涵盖从发电、传输和配电到家用电器和办公室设备、半导体、光纤、电池、太阳能、纳米技术和海洋能源以及许多其他技术的广泛范围。IEC 还管理着 4 个全球合格评估体系，用以认证设备、系统或部件是否符合 IEC 标准。动力电池行业适用标准由 IEC 旗下蓄电池和蓄电池组技术委员会负责起草。

（3）美国汽车工程师协会

美国汽车工程师协会（Society of Automotive Engineers，SAE）是一家总部位于美国、活跃在全球的专业协会和标准开发组织，面向各行各业的工程专业人士。其重点放在全球运输行业，如航空航天、汽车和商用车辆等。

（4）德国汽车工业协会

德国汽车工业协会（Verband der Automobilindustrie，VDA）是德国汽车工业的行业团体，其成员包括汽车制造商和汽车零部件供应商。它是欧洲汽车制造商协会的会员单位之一。

（5）国家标准化管理委员会

国家标准化管理委员会是我国负责起草、修订标准化法律法规的国家机关单位，是 ISO 的创始成员之一。国内的电动汽车行业标准均由其牵头、起草和发布。

【项目实训】

实训工单 2-1　了解各类电池性能指标

通过此实训工单，学生能够加深对电动汽车上的动力电池各项性能指标的了解。通过对比各类动力电池的性能，学生能充分了解各类电池的差异，了解电池的基本原理等。后附实训工单 2-1。

实训工单 2-2　了解 18650 电芯测试原理及方法

通过此实训工单，学生能够掌握常见 18650 电芯的各项特性指标和测试原理，掌握电芯测试的方法，从而加深对电芯本体的了解。后附实训工单 2-2。

【项目小结】

本项目首先讲述了动力电池的种类及原理，学生能在了解电池的工作原理、内部构造和各种化学反应的过程中，明白各类电池技术的关键点；之后讲述了动力电池性能指标，通过电池各项参数使学生充分了解动力电池的各项特性、优劣势及发展趋势；然后通过对动力电池行业术语的介绍，加深学生对知识点的理解，同时帮助其巩固基础知识点；最后通过知识扩展，学生可了解动力电池行业标准与组织。实训工单 2-1 能够加深学生对上述知识点的理解，实训工单 2-2 可以使学生对 18650 电芯测试原理和方法有初步的了解。通过思考与练习，巩固学习效果，最终提高学生发现问题和解决问题的能力。

项目三
动力电池 PACK 技术

【项目目标】

学习本项目，学生应该达到以下目标。

知识目标

（1）了解电池的基本计算。

（2）了解电池 PACK 关键技术。

（3）了解电池 PACK 关键工艺。

（4）了解电池生产过程及控制流程。

（5）了解专利撰写过程。

能力目标

（1）能够简述电池的基本计算过程。

（2）能够简述电池 PACK 关键技术。

（3）能够简述电池 PACK 关键工艺内容。

（4）能够简述电池基本生产过程及控制流程。

（5）能够简述专利撰写过程。

素养目标

（1）培养敬业精神和职业意识。

（2）培养产品设计思维及逆向思维能力，逐步形成良好的职业基础素养。

【项目导入】

经过 2017—2018 年高速发展之后，2019 年锂离子电池产量增速有所放缓。在锂离子电池三大市场（消费类电子产品市场、交通工具电动化市场、工业和储能市场）中，以电动汽车为代表的交通工具电动化市场需求量于 2016 年已经超越消费类电子产品市场需求量成为最大市场。2018 年，外资锂离子电池企业首次获得在我国经营的许可，如 LG 化学、三星等外资企业纷纷建厂以扩大产能，加上比亚迪等国内企业新增产能，到 2022 年我国动力锂离子电池产量较 2017 年的年复合增长率为 26%。因此电池 PACK 行业也同步迅速增长。

电池 PACK 一般指的是组合电池，是指装配、封装和包装。比如将 13 片 3.7V、22A·h 的软包电芯串联起来，按照客户要求组成 48V、22A·h 的电池组，我们就称这个过程为 PACK。在 PACK 行业，常常把没有组装成可以直接使用的电池叫作电芯，而把连接保护电路模块（Protection Circuit Module，PCM）板或电池管理系统（Battery Management System，BMS）及有充放控制等功能的成品电池叫作电池。好的电池 PACK 可以充分发挥电芯的性能、挖掘电芯的潜力，反之则容易降低产品质量。

电芯是电池组的核心部件，电池 PACK 就是电芯的组合封装。如图 3-1 所示，为了固定电芯，需要一个具有一定机械强度和帮助热量扩散的包装结构，此外还需要 BMS 及各类辅件，这样的产品才能称为电池 PACK 模组。

电池 PACK 组装工艺是锂离子电池包生产的关键步骤，其重要性也随着电动汽车市场的不断扩大而越来越明显。目前，汽车用动力电池基本上由电池模组、BMS、热量管理系统、电气及机械系统等组成。通过学习电池 PACK 技术，我们可以更加充分地理解电池的工作原理和使用方法、区分各类电池产品的特点、形成产品设计思维并提升职业素养。

图 3-1　保时捷 Taycan 的 93.4kW·h 双层高性能蓄电池结构爆炸图

【知识准备】

微课

电池的基本计算

一、电池的基本计算

电池组由多个电芯通过不同的方式连接，以达到需要的电压及功率。工程师在进行电池设计时是如何计算的呢？如何将电芯合理地连接起来呢？设计电池组时，首先需要理解与电池相关的各种公式，对电池组进行初步设计，拟订初步方案。本节将介绍一些简单的计算公式，以期读者对电池的设计和应用有初步的了解。

1. 欧姆定律

电池组设计计算中需要用到很多公式，其中欧姆定律是最重要、最基础的公式之一。欧姆定律描述的是电压、电流和电阻的关系。在电路学里，欧姆定律表明导电体两端的电压与通过导电体的电流成正比，如式（3-1）。

$$V=IR \tag{3-1}$$

其中，V 是电压（也可以记为 U，方程表示为 $U=IR$），I 是电流，R 是电阻。

虽然导电体是由导电物质组成的，但导电体也具有微小的电阻。对于任意导电体、电阻器、电路元件、电路等，电阻的定义方程如式（3-2）。

$$R=V/I \tag{3-2}$$

同样可以根据电压和电阻推算出电路中电流的大小，如式（3-3）。欧姆定律等效电路如

图 3-2 所示。

$$I=V/R \qquad\qquad (3-3)$$

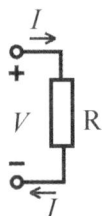

图 3-2 欧姆定律等效电路

2. 电池组所需单体电芯数量计算

根据客户或者系统电机参数，可知电池组的目标电压，得到拟用单体电芯参数后，就可以计算出系统中需要多少单体电芯。电池组的电压一般根据电动汽车系统的需求而定，电池组的电压确定后，将电池组电压（V_p）除以电芯电压（V_c）即可得到电芯的数量（N），如式（3-4）。

$$V_p/V_c=N \qquad\qquad (3-4)$$

举例说明，客户需要一个 630V 的电池组，如果采用标称电压为 3.7V 的三元（NMC）正极电芯，则需要的电芯数量为 630V/3.7V≈170.3，取整为 170。同样地，如果采用标称电压为 3.2V 的磷酸铁锂（LFP）电芯，则需要的电芯数量为 630V/3.2V≈196.9，取整为 196，当然也可以取整为 198、200。而如果采用标称电压为 2.2V 的钛酸锂（LTO）负极电芯，则需要的电芯数量为 630V/2.2V≈286.4，取整为 286 或 287。

单体电芯工作中电压有变化区间，例如某款三元锂离子电池工作中电压范围为 3.0～4.2V，其工作电压为 3.7V。3.7V 是指电池使用过程中放电的平台电压，4.2V 是其充满后允许的最大电压，3.0V 是允许的最低放电平台电压。

假设采用 NMC 正极电芯，在实际 PACK 过程中，一般不会将 170 个电芯串联起来，工程师会平均分配电芯，设计成 PACK 单体模组。比如将 17 个电芯串联成电池 PACK 单体模组，然后进行串联；也可以将 34 个电芯串联成电池 PACK 单体模组，再进行整体串联。这样的设计可以方便电池模组的维护和安装。

在设计和选择电芯和模组数量时，还需要考虑电芯检测电路（Cell Supervision Circuit，CSC），又称为电压温度检测器（Voltage and Thermal Manager，VTM）。CSC 可检测多个电芯，工程师在设计时必须考虑项目中使用的 CSC 参数。假设检测电芯数量为 15，那么单体模组电芯数量必须少于 15。在实际设计中，工程师还要考虑产品成本，优先考虑已经有合作的优质供应商等，因此电芯的设计、排布需要综合考虑产品和市场的需求。

3. 电池组能量计算

在根据电压计算完需要的电芯数量后，产品设计中另一个重要的计算是电池组的能量（E_p）计算。假设前文三元锂离子电池案例中，客户要求整个电池模组需要 30kW·h 能量，将其除以 170 个得 176W·h，即每个电芯的能量约为 176W·h。电芯的容量（I_c）可根据式（3-5）

计算得到，其中 E_c 为电芯的能量，V_c 为电池的电压。

$$I_c = E_c / V_c \tag{3-5}$$

采用三元锂离子电池，V_c 为 3.7V，可算出电芯的容量为 47.5A·h，取整为 48A·h。这样可以通过两个 24A·h 的电芯并联，或者一个 48A·h 电芯，再或者其他的组合方式达到 48A·h 的容量。因此计算可以得到式（3-6）。

$$48A·h × 3.7V × 170 \text{个} = 30192W·h ≈ 30kW·h \tag{3-6}$$

因此我们可以得到产品的初步设计规划，如电池组包含 30kW·h 能量，标称电压为 629V；采用 170×2 个三元锂离子电芯，每个电芯的标称电压为 3.7V，容量为 24A·h；采用两个电芯先并联后串联的方式，每 17×2 个电芯组成一个模组，10 个模组串联组成整个电池组。

很多产品会对电池体积有严格要求，有了上述初步设计规划之后，工程师就可以进行简单的排布，以初步确认尺寸，判断设计可行性。利用 AutoCAD、SolidWorks 等绘图软件可对设计进行初步评估。电池产品的电芯排布示意如图 3-3 所示，包含电芯、壳体、支架、BMS 板等零件。

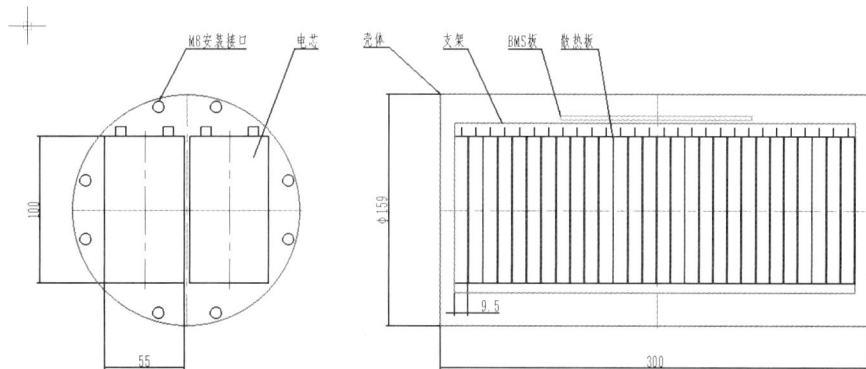

图 3-3 电池产品的电芯排布示意（单位：mm）

上述设计假设 100% 的电池组能量用于实际工况，但在实际电芯选择和使用过程中，往往只能使用电池能量的 80%～90%。这意味着上述 30kW·h 是在系统设计中可用的能量，因此工程师在设计中要增加能量的余量进行计算和设计调整。

4. 系统功率、最大电流计算

基本计算中包含系统功率的计算，将欧姆定律与焦耳定律结合起来，可以确定电池功率的计算公式，如式（3-7）。

$$P = I^2 R \tag{3-7}$$

其中 P 为功率，I 为电流，R 为电阻，对式（3-7）可进行转换得到式（3-8）和式（3-9）。

$$R = P / I^2 \tag{3-8}$$

$$I^2 = P / R \tag{3-9}$$

计算前文案例的功率，使用 170 个容量为 48A·h 的电芯，如果单个电芯内阻为 6mΩ，放电倍率为 1C，放电电流为 48 A，则每个电芯的功率计算如式（3-10）。

$$P_c=(48A)^2\times6m\Omega\approx13.8W \tag{3-10}$$

在产品测试中，电芯内阻分选会有差异，电池 PACK 质量会影响系统内阻，PACK 技术升级也会影响最终的功率表现，因此最好在样品实验中测试系统功率和其他特性。在设计或者粗略计算中，可以将每个电芯的功率乘电芯数量，得到系统功率，在本案例中计算如式（3-11）。

$$170\times13.8W=2\ 346W\approx2.35kW \tag{3-11}$$

供应商提供的电芯规格书中会说明标准放电电流、最大放电电流和峰值电流，根据提供的内阻信息，可以粗略地计算电芯各工况下的功率。其中可能由于质量管控而变化的参数应该以实际测量为准，比如内阻和尺寸。如参数不详可请供应商提供测试报告，三元锂离子电芯部分参数如表 3-1 所示。

表 3-1　三元锂离子电芯部分参数

项目	额定参数	备注
标称容量/(mA·h)	26 000	26 000mA（1C）恒流放电至 3.0V
最小容量/(mA·h)	≥26 000	
工作电压/V	3.0～4.2	—
标准充电电流/A	52	环境温度：15～30℃
最大充电电流/A	130	环境温度：15～30℃
标准放电电流/A	52	环境温度：15～30℃
最大放电电流/A	260	环境温度：15～30℃
电芯内阻/ mΩ	≤2	—

电池组的连接线、转接头等的设计需要考虑最大持续放电电流（$I_{max\ continuous}$）。在计算电池组可提供的理论最大持续放电电流时，可将电芯的最大放电电流（I_{max}）乘以并联电芯数（N_p），或者将电池额定电流（I）乘以最大放电倍率（C_{max}），如式（3-12）。

$$N_p\times I_{max}=N_p\times I\times C_{max}=I_{max\ continuous} \tag{3-12}$$

微课

电池 PACK 关键技术

二、电池 PACK 关键技术

电池基本设计计算可以帮助学生快速了解电池的各种基本参数设定，然而电池 PACK 是一个系统集成技术，想要对电池产品及行业有更深的理解，必须了解电池 PACK 关键技术。

电动载具需要一个能量载体，以提供能源。根据电动载具的使用环境、设计思路、用户要求等，电池的能量载体具有如下特征。

（1）能量密度高

需要产品拥有较小的体积和质量，同时装载更多的电量。例如植保机，相同电量下其对质量和体积十分敏感，减轻质量或增加电量可以延长洒农药的时间。汽车同样如此，需要在同等体积和质量下跑得更远。

（2）环境适应性强

一款电池产品，最好的状态是既能适应高纬度地区的严寒，又能适应低纬度地区的炎热，还能适应严寒、酷暑、潮湿、颠簸、高海拔、腐蚀等环境。例如汽车电池组，厂家希望其可以尽量适应各个地区路况，以增加其全球的销量。

（3）安全性、可靠性高

锂离子电池的安全性问题，目前还没有完美的方案能绝对防止电池的燃烧或爆炸，只能多加防范，注意电池的使用安全性规范。通过改善电池的安全保护设计，提高电极材料的安全性，提高电解液的安全性，选择优质的锂离子电池来提高电池的安全性能。

（4）成本控制

目前锂离子电池的成本已经控制在 1 000 元/(kW•h)以内，其中包含电芯、PACK、运输、仓储等费用。新能源汽车较燃油汽车还是有较高的购置成本，因此有必要继续从各个环节着手来降低生产成本，提高新能源汽车的竞争力。

（5）循环寿命长

电池有较高的购置成本，如果其有较长的使用寿命，就会增加电动载具的使用时间，降低整体方案的成本。新能源汽车动力锂离子电池的使用寿命，一般不是用使用时间来衡量的，而是考虑其循环应用频率。一般来说，磷酸铁锂电芯可以上下循环 2 000 次，而目前的三元锂电芯可以上下循环 1 400 次，将电芯 PACK 后，寿命会长于上述电芯寿命。

电池 PACK 涉及多学科交叉，是需要不同领域的工程师协作设计的综合性产品。新能源锂离子电池 PACK 工程师首先需要是机械设计类工程师，然后需要具备基本的电学、材料学、热学等知识，再学习和了解适当的锂离子电池基本知识。此外，电池 PACK 工程师需要了解各个学科，在设计中进行整合。电池 PACK 涉及的专业领域、职业技能及系统构成如图 3-4 所示。

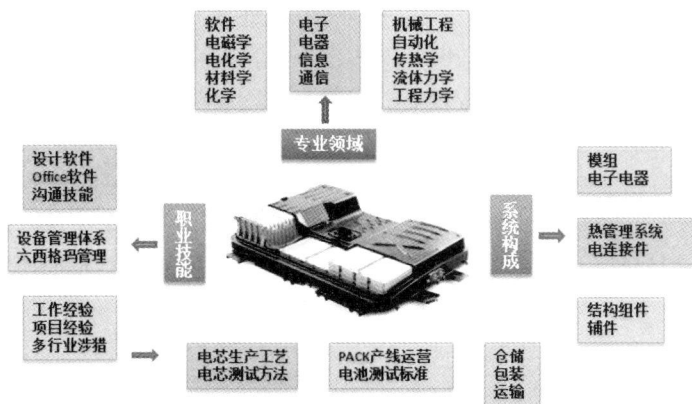

图 3-4　电池 PACK 涉及的专业领域、职业技能及系统构成

电池包是系统级的产品，组件越多，涉及领域就越多，对工程师的要求也就越多。接下

来列举几个关键技术，予以讨论。

1. 动力电池系统集成技术

事实上，动力电池 PACK 是一个非常有讲究的环节，比如电池 PACK 的电子和电气组件在较强的机械载荷下是否会发生连接松动现象？是否会加速老化？电气与结构组件之间的距离是否会影响绝缘性能？BMS 功能失效是否会导致电芯发生过充而引起热失控？温度变化对电池荷电状态计算精度会产生怎样的影响？长期在高温环境中使用，电池寿命衰减程度如何？电池 PACK 技术研发人员设计一款动力电池系统核心的部分是梳理机、电、热、化之间的相互关系、相互作用，定量和定性地分析产品是否可以满足产品设计指标。机、电、热、化 4 个方面几乎涉及动力电池的全部性能，是研发人员需要注意的核心技术，如图 3-5 所示。

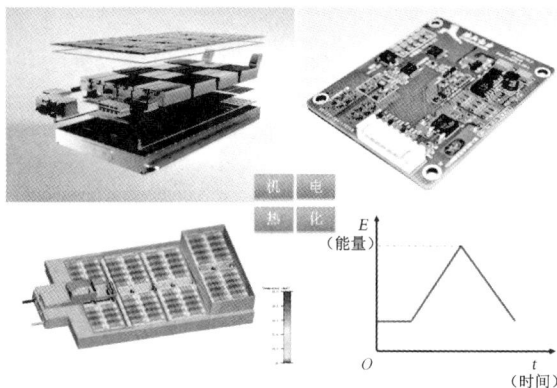

图 3-5　电池系统机、电、热、化 4 个核心技术

机是指机械，即电池包必须具备一定的机械性能。电池包装载在汽车上，产品需要具有足够的强度和刚度，保证汽车使用过程中在惯性挤压、振动、冲击等机械载荷下不发生形变和功能异常，在碰撞、挤压、翻滚、跌落等事故状态下有足够的安全防护。随着我们对车辆安全性能要求的提升，对机械可靠性的要求也随之增加。

电是指电子和电气。电动汽车依靠电能驱动车辆行驶，瞬时功率可能高达几百千瓦，电压范围从几十伏特到几百伏特，电流也可以为正负几百安培。大电流的充电和放电，以及高电压的输出，意味着对电池包有很高的电气载荷要求。在实验和 PACK 中，大载荷意味着高风险，对连接线截面积、电阻、发热量、连接方式、绝缘等都有严格的要求。从设计开始就进行严格管理，才能保证生产和使用的安全。在电子方面，整包中包含大量的单体电芯，使用 18650 电芯的汽车可能有数千节电芯的组装。为了有效地进行管理，电池包还有一套非常复杂的 BMS，由传感器、执行器、控制器等组件构成，用于采集系统的电压、电流、温度等数据，进行复杂的计算，与整车其他部件进行通信，完成特定的功能，实时判定系统的运行边界，控制系统的异常状态，等等。

热是指电池的热量管理，避免热失控及温度过低带来的性能下降。在低纬度地区，夏季马路温度可能为 50℃ 以上；而在高纬度地区，冬季室外温度可达到-30℃，而锂离子电池最佳的工作温度约为 23℃，电池包必须具备极端气温下工作的能力。简单的热量管理就是将热交换装置安装到电池系统中，维持电芯处于稳定的温度区间。一般的做法是将电芯释放的热量通过一些介质转移到电池外部，或者通过介质对电芯进行加温。复杂的热量管理系统会考虑 3 个因素：一是电池的工作类型，高功率电芯比能量型电芯放出更多的热量；二是电池的使用环境，在高温中使用意味着电芯本身温度就已较高，而低温中使用意味着电芯温度可能过低；三是电芯自身的条件，不同材料体系的电芯能承受不同的温度，如特种电芯可用于军工和航天。

化指的是电化学，即电池的电化学机理，在产品设计和运用中必须遵循选用电芯的电化学特性。以目前大量使用的锂离子电池为例，其表现出来的物理特性是由电化学机理所决定的。电池材料发生氧化还原反应而产生电子的流动，锂离子在电芯正极和负极之间来回"穿梭"，完成充电和放电的工作。我们根据电芯的电化学特性来构建电池系统，电化学反应中转移的电量决定了电池可充放的电量；电芯中离子转移速度的快慢决定了充放电的快慢；电化学体系的稳定性决定了电芯工作的稳定性。电芯极耳的选型、焊点数量的选择、连接线选型等都与电化学过程相关。

电池 PACK 系统集成，是复杂系统产品开发的关键，我们除了对各个子系统需要有深入的研究之外，还要特别关注子系统的接口、交叉、相互影响等，以及由此表现出来的新特性。系统集成需要应用大量的过程分析方法、辅助，以及仿真分析和测试验证等，才能达到产品设计目标。

2. 电芯设计和选型技术

在电池包产品设计初期，电芯的设计和选型十分重要。对采购电芯进行 PACK 的企业（如特斯拉）来说，其在匹配整车需求时就会选择一款合适的量产型或接近量产型电芯。自身有电芯研发和生产条件的企业（如比亚迪）在整车开发过程中，可以根据客户需求开发一款电芯，也可以采用已经量产的电芯。根据不同的封装形式，常见的动力电池的电芯分为圆柱电芯、方形电芯和软包电芯（也可称之为电池），不同的结构意味着它们具有不同的特性。

（1）圆柱电芯：发展时间长，技术更成熟

圆柱电芯的发展时间最长，技术也更为成熟，其标准化程度较高。因为圆柱电芯在封装时各个电芯间有较大的空间，所以此类电芯在散热方面有很大的优势，许多搭载圆柱电芯的车型都采用了成本更低的风冷技术。

但电芯数量过多是一个比较棘手的问题，即使采用了高能量密度电池的车型，也需要将几千节圆柱电芯放在一起，这对车辆的 BMS 提出了更高的要求。除此之外，因为圆柱电芯在组合成电池组时需采用钢壳，所以其质量相对较高，理论上圆柱电芯的能量密度比其他两种电芯更低。

目前，市面上不少车型都采用了此种类型的电芯，比较有代表性的是特斯拉的 Model 3，图 3-6 所示为特斯拉的 Model 3 采用的 18650 圆柱电芯。

图 3-6 特斯拉的 Model 3 采用的 18650 圆柱电芯

（2）方形电芯：结构简单，质量轻

方形电芯在国内的普及率很高，因为方形电芯的结构较为简单，生产工艺不复杂，而且方形电芯不像圆柱电芯那样采用强度较高的不锈钢作为壳体，所以方形电芯的能量密度理论上比圆柱电芯的能量密度更高。但由于方形电芯一般都进行定制化的设计，所以方形电芯的生产工艺很难统一，其标准化程度较低。目前，蔚来 ES6、ES8，吉利帝豪 EV 等车型都使用方形电芯。

方形电芯封装可靠度高、系统能量效率高、质量相对轻、能量密度较高、结构较为简单、扩容相对方便，是当前通过提高单体容量来提高能量密度的重要选项。单体容量大，则系统构成相对简单，使得对单体的逐一监控成为可能；系统简单带来的另外一个优点是稳定性相对好。然而，因为方形电芯可以根据产品的尺寸进行定制化生产，所以市场上有成千上万种方形电芯型号，而由于型号太多，工艺很难统一；生产自动化水平不高，单体差异性较大，在大规模应用中，存在系统寿命远短于单体寿命的问题。图 3-7 所示为方形电芯。

（3）软包电芯：能量密度高，电池布局的灵活性更好

软包电芯采用叠加的制造方式，在体积上比其他两类电芯更加纤薄，因此它的能量密度在理论上是 3 种电芯中最高的。而且因为软包电芯的体积较小，所以其在电池布局的灵活性上比另外两类电芯更优。

软包电芯内部为叠加式设计，因此需要在每两个电芯中间加上一层薄片。薄片中充满液体，可以通过对液体加热或制冷保证电池处于适宜的工作温度，这也意味着软包电芯需要更加复杂的电池控制系统。目前，猎豹 CS9 EV、领克 01 插混版、领克 02 插混版使用的都是软包电芯。软包电芯如图 3-8 所示。

图 3-7　方形电芯　　　　　　　　图 3-8　软包电芯

（4）圆柱电芯、方形电芯和软包电芯的对比

电芯形状：方形电芯和软包电芯尺寸可定制设计，而圆柱电芯尺寸种类较少。

倍率特性：圆柱电芯因为焊接多极耳的工艺限制，所以倍率特性稍差于方形电芯和软包电芯的多极耳方案。

放电平台：采用相同的正极材料、负极材料、电解液，因此理论上 3 种电芯的放电平台是一致的，但是方形电芯内阻稍占优势，软包电芯一般内阻最小。

产品质量：圆柱电芯工艺非常成熟，且卷绕工艺的成熟度及自动化程度比叠片工艺的都更高，叠片工艺目前还在采用半手动方式，因此对电芯的品质存在不利影响。

极耳焊接：圆柱电芯极耳比方形电芯更易焊接，方形和软包电芯易产生虚焊，从而影响电池品质。

PACK 成组：圆柱电芯相对于方形电芯和软包电芯具有更易用的特点，所以 PACK 方案简单，散热效果好；方形电芯 PACK 是要解决好散热的问题；软包电芯 PACK 最复杂。

结构特点：方形电芯边角处化学性能较差，长期使用后电池性能下降较明显。

在目前的新能源汽车市场中，圆柱、方形、软包 3 种电芯均有车型搭载，并没有绝对的好坏之分，只能说各有优势。在电芯能量密度方面，理论上是软包电芯最高，方形电芯次之，圆柱电芯最低。但就目前的技术而言，圆柱电芯的能量密度与软包电芯接近，这是由于目前圆柱电芯的生产工艺更加成熟。

3. 电池包结构设计技术

电池包结构是指将多个电芯、结构件、电池保护板、电池连接件、外壳、辅件等通过空间想象后采用 3D 绘图软件设计出来，最终构建的虚拟 PACK 电池包结构。设计工程师必须熟练掌握绘图软件技能，同时对电池包 PACK、测试、工艺等均有了解。图 3-9 所示为使用 3D 软件构建的电池 PACK 模组和实物图。

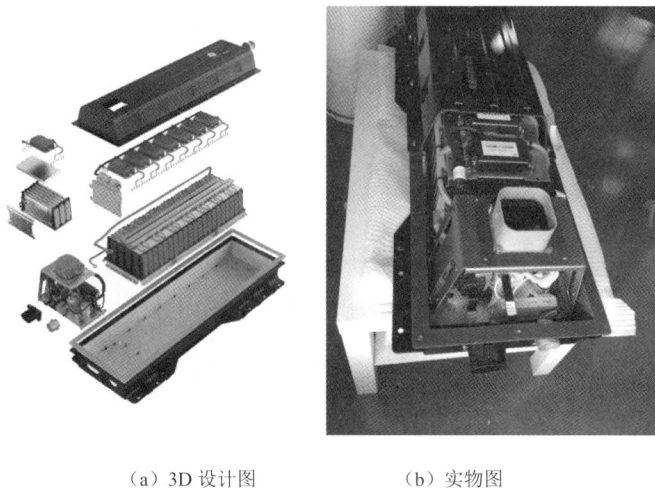

(a) 3D 设计图　　　　　　　(b) 实物图

图 3-9　使用 3D 软件构建的电池 PACK 模组和实物图

电池包结构的设计是根据产品功能要求、性能指标、尺寸要求、质量要求、防护要求等确定的，需要确认合适的箱体及合适的内部模组。在电池产品结构设计中，电池模组设计和箱体设计十分重要。

电池模组设计需要考虑电芯选型、电芯排布、模组能量密度、连接方法、走线排布、电气接口、热量扩散、抗振动、防水等级等因素。电池包的箱体设计需要考虑外包尺寸、整体结构强度、机械接口、电气接口、电池包能量密度、热量管理、防护要求、制造工艺等因素。除此之外，还要考虑后续电池包测试中的振动、冲击、碰撞、过充等极端测试要求。以下是一些锂离子电池包 PACK 结构设计需要考虑的因素。

（1）机械结构设计：包括机械强度、走线排布、抗震、散热/加热、防水、防尘等。

（2）安全设计：包含防护等级、气压平衡、防爆等，需要符合各类标准。比如，为适应恶劣工况，将产品依其防尘防湿气的特性加以分级设计；由于电池包在充放电过程中温度会有变化而导致电池包内气压变化，因此需控制电池包内外气压平衡；锂电池包一旦出现热失控，电池包内气压急剧升高，就有爆炸的危险，产品需要防爆设计。

（3）BMS 设计：包括过充、过放、过温、检测精度、电池均衡等，以及电气设计等。BMS 测量的精度：这个问题普遍存在，容易忽略压降对测试的影响，造成电池组的均衡能力下降。

（4）锂离子电池 PACK 结构设计的集成：单个模块 PACK 结束后，要相互串联起来组成电池组，这时应考虑相互间的可串联性，满足快速、安全的串联接口形式要求。

（5）电池 PACK 结构设计内部绝缘问题：在设计电池结构时已经考虑到正负极的绝缘问题了，但是在实际工况中不确定因素较多，因此在电池 PACK 结构设计的过程中一定要单独设定绝缘条件，保证在撞击、振动、潮湿等多种复杂的环境下电池仍然安全、有效。

（6）成本控制：每个零配件不可能都用业内顶尖的产品，否则会因成本过高而销售困难，设计时必须使系统达到最优化。

随着技术进步，结构设计逐渐从电芯集成到模组（Cell To Module，CTM）向电芯集成在电池包（Cell To Pack，CTP）和电池车身集成（Cell To Body，CTB）发展。例如，麒麟电池，为第三代 CTP 技术，麒麟电池系统集成度创全球新高，体积利用率突破 72%，能量密度可达 255Wh/kg，轻松实现整车 1000km 续航。

4. 电池包电子电气设计

在电动汽车实际运行过程中，BMS 是非常重要的组成部分，其中包含硬件设计和软件设计两个部分。它的主要功能是通过监控和管理蓄电池，使电池始终保持在最佳工作状态，最大限度地延长电池寿命，并将电池信息传输给相关子系统，为系统整体决策提供判断依据。BMS 功能展示如图 3-10 所示，包含保护功能、均衡管理、健康状态、电量计量、后备态管理、内置充电管理、实时通信、电压及温度检测、数据存储等。

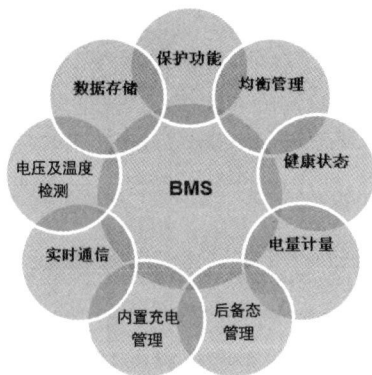

图 3-10　BMS 功能展示

在各种 BMS 中，新能源汽车动力电池的 BMS 较为独特，其是一个复杂的系统。BMS 必须具备实时监控并调整电池管理状态的能力，并可以与多个平行子系统同步、协调工作。在车辆实际行驶过程中，加速和减速总是不停地交替进行着，所以 BMS 必须能够接收动态信息反馈并不停地调整其监控管理方式。BMS 是动力电池的核心配件，主要功能如下。

（1）监测电池组中各个单体电芯的健康状况，平衡各个电芯的性能，保证所有电芯都在额定工作范围内，当电芯被透支时能最大限度地保护电池组整体功能，为个别电芯充电提供接入方式。

（2）在系统失控或失去联系时提供故障保护，在紧急状态（如过载、火灾等）下将电池隔离，在部分电芯失效时提供"应急行驶模式"。

（3）监控电池温度，调整散热/保温器的工作状态，保证电池在最佳温度运行。

（4）向系统和车主提供电池 SOC 信息（充电程度）和健康状态（State Of Health，SOH）信息（健康程度），计算电池余量可行驶的里程。

（5）为电池提供最佳充电流程，并设定合适的充放电比例，防止回收动能时对电池过度充电。

（6）为启动车辆前的负载阻抗测试预留足够的电量，实现分阶段充电以防止涌流的发生。

（7）适应车辆驾驶模式的变化，实时调整电池管理模式。

（8）记录电池使用情况，做好历史记录。

（9）获取并执行相关子系统给予的信息及命令。

在电气设计中，包含继电器、接触器、保险丝、传感器、预充电阻、汇流排、高低压线束等电气元件的选型与设计。电气设计实现功能应以安全、可靠为主，输出高效的电能，为整车提供动力。

电气设计注意事项如下。

（1）各高压部件应确保不工作则不带电，杜绝人员触电的风险。

（2）各高压部件的保险丝应当与动力电池系统隔离，尽量放置在操作人员便于更换的位置，避免保险丝更换对电池包防护等级造成影响。

（3）工作步调相近、功率接近的部件尽量共用一套接触器和熔断器，减少接触器和熔断器的数量，以简单、可靠的电路设计完成功能的实现，并降低故障率。

（4）尽量减少动力电池系统电气结构的数量，以免对防护等级造成较大影响。

5. 电池包热量设计

电池既不喜欢太热，也不喜欢太冷，适宜的工作温度范围为 10～30℃。汽车的工作环境非常宽广，-20～50℃都很常见，因此电池系统需要具备热管理功能。

电池系统具备的 3 个热管理功能如下。

（1）散热功能：温度过高时，电池容量会衰减，增加热失控风险，因此，温度过高时，就需要散热。

（2）加热功能：温度过低时，电池容量会衰减，性能降低，若此时充电还会埋下自然隐患（低温充电可导致析锂，锂枝晶会破坏电芯背部结构，引发内短路，存在引发热失控的风险），因此，温度过低时，就需要加热或保温。

（3）温度一致性功能：动力电池需要尽可能降低温度在空间上的差异，以减少电芯之间的温度差异，延长使用寿命，降低使用风险。

从"量"与"质"两个角度来看，如果说散热与加热功能是热管理的"量"，那么保持温度一致性功能就是热管理的"质"。加热功能和散热功能可以让电池包不会处在极端的温度环境，而温度一致性功能让电池系统的各个电芯尽量处于相同的工作环境。

电芯之间存在"木桶效应"：电池系统的性能、可靠性取决于最弱的电芯，系统的安全性取决于最不稳定的电芯。假设 10 片软包电芯层叠成一个模组，两端的电芯散热较好，而中间的电芯热量难以转移，工作时会导致电芯之间产生温差。温差带来的直接后果就是使电芯之间的活性产生差异，放电性能存在差异，影响电池包的性能和寿命。

电池包内部材料存在温度链式反应：电池的副反应通常是放热，若散热条件不好，放热的副反应有可能引起更高温度的副反应，甚至达到 450°C，引起电解液燃烧。图 3-11 所示为电池材料反应及副反应温度的形象表达。例如电池在没有良好的散热条件下大倍率放电后产生大量的热，当电池温度达到 90°C 左右，SEI 膜分解发热；当热量积累到 100°C 左右，石墨负极与电解液逐渐分解同时再发热。这样环环相扣，热量急剧增加，不同燃点的材料（如图 3-11，包含各类正负极材料、电解液等）依次分解继续发热，最终导致热失控。单体电池的热失控会大量放热，若单体电池之间的隔热/散热条件不好，热量有可能引发相邻电池的热失控，进而引发整个模组甚至整个电池包的热失控。

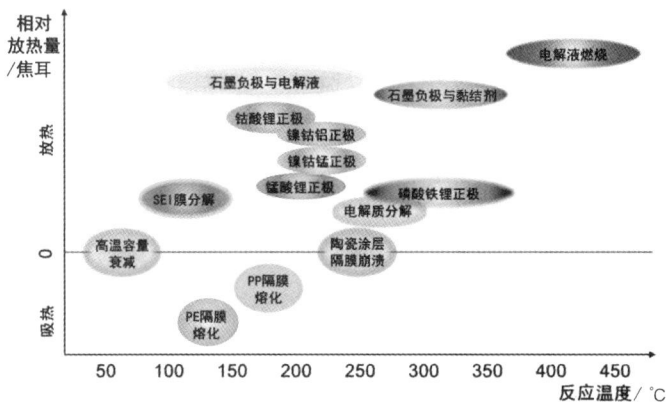

图 3-11　电池材料反应及副反应温度的形象表达

锂离子电池 PACK 设计中往往会借助热流体仿真分析来辅助工程师完成 PACK 热量管理系统设计。在热量管理系统设计阶段，可对 PACK、模组或电池进行热场仿真分析，根据仿真结果快速地选择出冷却、加热和保温方式；在冷却子系统设计阶段，可对 PACK、模组或电池（带冷却子系统）进行热场和流场仿真分析，根据仿真结果确定冷却通道设计、冷却介质、冷却入口温度和流量及风扇或泵的参数等。

借助热流体仿真分析工具，大部分的 PACK 热管理设计工作和部分测试工作都可以在计算机上完成。大量的设计、制造、测试等工作可以被省略，PACK 设计的成本会大幅度下降。热量仿真示意如图 3-12 所示，其中电池 PACK 模块包含箱盖、箱体内空气、电芯、隔热材料、电芯侧板、箱体、导热垫、液冷板、冷却液等结构，对工况进行热量仿真模拟，根据反馈来完善设计。

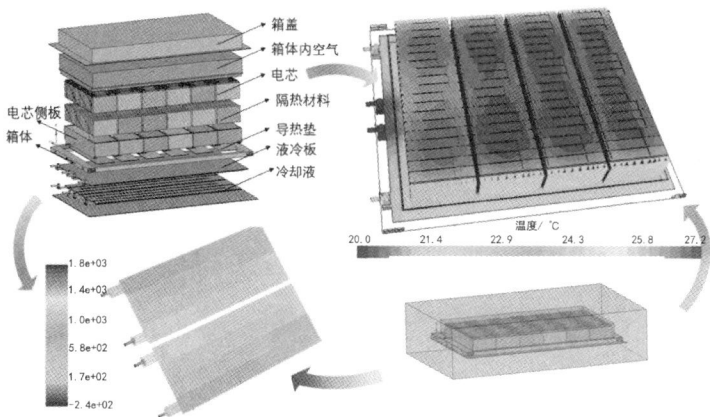

图 3-12 热量仿真示意

6. 电池包安全设计

电池包安全设计基本上围绕电池包的内部组件构成和可能发生的安全风险展开。电池包安全设计可以从空间三层次和过程两阶段着手。

（1）动力电池安全性设计的空间三层次

① 电芯安全性

● 电芯本征安全性。

● 充放电安全性。

从电芯角度考虑安全性应注意：电解液为有机体，易燃，必须防止其泄漏，并与电火花隔离；对温度较为敏感，超过 160℃ 可能引起短路，应对电芯进行热管理，控制其温度；电芯过充或过放会引发起火，应严格控制充放电状态，发挥 BMS 的作用。

② 电池模块安全性

● 电气性能。

● 安全绝缘。

● 温度控制。

● IP 防护等级。

● 异常碰撞。

从电池模块角度考虑安全性应注意：充放电的安全性设计；绝缘的安全性设计；电芯串联并联结构安全性设计；电芯模组一致性设计和热失控设计；结构上的热失控设计；IP 防护等级设计；碰撞后的壳体短路设计；绝缘防护设计。

③ 电池 PACK 系统层安全性

● 电气性能安全系统。

● 安全绝缘系统。

● 温度控制系统。

● 异常碰撞安全系统。

从电池 PACK 系统层角度考虑安全性应注意：异常碰撞安全设计包含 4 个方位，即前碰撞、后碰撞、侧碰撞、底盘碰撞。其重点在于底盘碰撞设计，包括电池 PACK 的碰撞绝缘设计、电池 PACK 壳体的非金属化设计、碰撞结构强度等。

（2）动力电池安全设计过程两阶段

① 正常过程安全性设计

3 个方面：静态过程安全设计、形式过程安全设计、充电过程安全设计。

关键内容：静态安全性设计、充电安全性设计、放电安全性设计、安全绝缘设计、温度控制设计、IP 防护等级设计。

② 异常过程安全性设计

2 个方面：静态碰撞安全设计，包括上电状态或非上电状态；动态碰撞安全设计，包括上电状态下的停止状态或行驶状态。

关键内容：电解液泄漏防护设计；模组碰撞绝缘设计，碰撞壳体防护短路设计；模组、PACK 等壳体的绝缘防护层设计；模组、PACK 等壳体的非金属化设计；等等。

上述从空间三层次和过程两阶段讲述了电池安全性设计。如果从产品安全设计目标和框架出发，也可分为化学安全设计、电气安全设计、机械安全设计和功能安全设计。虽然有多种安全设计分类，但是内容大致是一样的。

7. 电池包工艺设计

将电池组包含的所有零件整合成产品物料清单（Bill Of Materials，BOM），经过工艺部门制定工艺标准作业程序（Standard Operating Procedure，SOP）进行装配与测试，成功试产，最终得到满足出货要求的电池包，这就是电池工艺设计要达到的目标。

电池包的装配过程，可以分为电池模组装配、电池包箱体装配、下线测试 3 个大的阶段。电池模组装配阶段关键工艺包含分容、清洗、入壳/框架、焊接、涂胶/灌胶、测试等；电池包箱体装配阶段关键工艺包含电池模组安装、水冷组件安装、线束安装、紧固件安装、壳体安装、连接器安装等；下线测试阶段包含功能测试、安全测试、气密性测试、容量测试等。图 3-13 所示为某款轻型动力电池的产品工艺 SOP 流程，其中使用工艺流程的图示来展示安装逻辑顺序，包含支架、紫铜片、托盘、接口等各类零件的作业路径及加工方法。

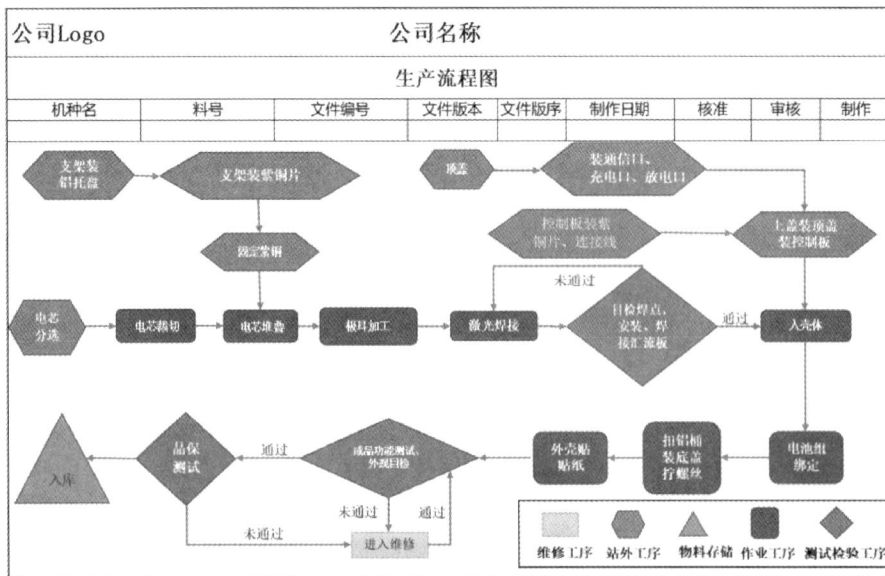

图 3-13　某款轻型动力电池的产品工艺 SOP 流程

三、电池 PACK 关键工艺

新能源汽车行业动力电池 PACK 一般是指对单体电芯的包装、封装和装配。比如将 10 个电池串联起来，按照客户要求组成某一特定形状、特定容量、特定电压等，称为 PACK 工艺。不同种类电动汽车的结构和工作模式不同，比如直接驱动、间接驱动、增程式、前驱、后驱等，使得对动力电池的性能要求也不一样。在具体设计流程上首先确定整车的设计要求、确定车辆的功率及能量要求、确定车辆所用电机结构，其次选择所能匹配合适的电芯、确定电池模块的组合结构形式、确定 BMS 设计及热量管理系统设计要求，最后进行仿真模拟及具体试验验证。

PACK 是产品从电芯装配成电池包的关键系统集成步骤，过程比较复杂，从进料到出货包含很多步骤，需要专业的 PACK 团队操作。本节将介绍电池 PACK 的几项关键工艺。

1. 电芯分选

在 PACK 生产中，首先要处理电芯原料，筛选出一致性相近的电芯成组。电芯之间的差异越小，工作时的状态就越接近，分容得当可以提高电池包充放电性能，延长电池使用寿命。在电芯生产批次中，会存在一些不可控的非一致性，导致电芯批次之间略有差异，因此一般从同一生产批次的电芯中分选。

（1）电芯之间的差异

即使是同一生产批次的电芯，也会存在如下差异。

① 电压不一致

电芯在经历化成工艺后，经历同样的充放电过程，静置足够时间，在同样的环境温度下，充电到相同 SOC。此时测量电芯之间的开路电压，电芯之间会存在电压差，这就是单体电芯的电压不一致性。一般来说，单体电芯的开路电压符合正态分布。

② 内阻不一致

电芯内阻是电芯功率特性的重要表征，也是电芯成组后电芯性能参数进一步离散化的原因之一。内阻不一致会造成温升不一致，是引发其他参数进一步离散化的根本原因。

③ 容量、寿命不一致

按照目前的寿命衡量标准，可将容量和寿命紧密联系在一起。容量一般会作为电芯分组的初选内容，是电芯不一致最重要的参数表现之一。造成容量不一致的原因有很多，并且多数都是由于制造过程的不一致引起的。除了达到容量、内阻等寿命指标以外，寿命不一致的另外一层含义是电池失效时间不一致。有研究表明，并不一定是容量最小的电芯或者工作条件最恶劣的电芯最先到达寿命的终点。每个电芯从"出生"开始，其抗衰老的能力就已经存在差异。

④ 温升不一致

每个电芯，除了直接影响发热的内阻因素外，其内部电化学物质制造过程中的不一致性也会对发热量产生影响。每个电芯在电池包中所处位置不同，其散热条件也存在差异，最终也会导致电芯温升不一致。

电池模组一般由多个电芯通过串联或者并联组合装配而成，如果单电芯的一致性差，就会直接影响模组寿命，性能呈短板效应，整体性能由性能最差的电芯决定。因此不仅电芯厂必须严格把控生产工艺，确保电芯的一致性，PACK 厂也需要通过适合产品的工艺进行电芯分选，减少成组电芯之间的差异。

（2）电芯分选方法

在生产线上，电芯分选工艺流程如图 3-14 所示，包含后处理数据收集、电池转入测试工序、搬运+IR/OCV 测试、搬运+容量分挡、转入分选工序、外观检测、扫码验证、转入预备工序。

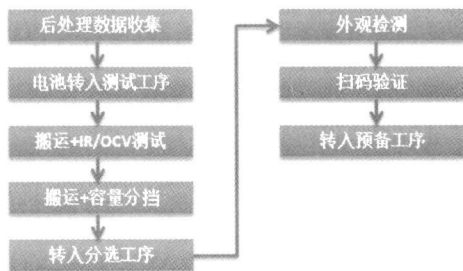

图 3-14　电芯分选工艺流程

按照采样电芯的状态不同，分选方法可以分为静态分选和动态分选。

① 静态分选

传统上，应用较多的是静态分选。静态，是指电芯参数与工作状态无关。通常被用来做静态分选的参数包括电池的容量、开路电压和内阻等。

一些工艺中直接按照参数数值大小划分区间，落在同一个区间内的电芯即为一组；有的工艺在初步分组后，会再在组内以另一个参数为考察对象，继续对电芯进行更细化的分组，例如先按容量分，继而按内阻分。一些工艺在采集关注的参数样本后，采用统计学算法，使得参数相近的自然归类为一组，应用较多的是聚类法。聚类法是一类统计分析算法的总称，其主旨是将一个参数的样本组按照自然筛选出来的数据中心凝聚成若干组，实现分组的目的。

在很长一段时间里，静态分选都是锂离子电池行业的主要分选方式。但静态分选无法反映电池工作过程中的参数特点。电化学反应是一个复杂的动态过程，简单地用电池的几个静态参数无法准确概括电芯的未来特性。

② 动态分选

动态分选，是基于电池充放电等工作过程中，电芯参数有所不同进行分组的工作方法。

一类方法是把电芯恒流充放电作为研究过程。有的算法把电压时间曲线作为分类对象，利用统计学算法，根据曲线特征划分组别；有的关注过程中的电压、容量、内阻、放电平台、电芯厚度等参数，并进行分类。

另一类方法是把恒流、恒压充电作为研究过程。有的算法把恒压恒流曲线上的采样点与均值点之间的欧氏距离作为目标参数进行聚类分析，实现电芯分组；有的在前述方法的基础上改善采样规则，使得电流对时间变化率较大的区域采样点更密集。

还有一类方法考虑电动汽车实际运行中可能遇到的脉冲电流情况，认为电流的大小会极大地影响电芯的极化状态。因而在前述恒流恒压充电曲线的分组基础上继续细化分组，给电芯加载脉冲电流，把电芯端电压作为分组依据。

2. 焊接工艺

锂离子电池或电池组有很多道制造工序，其中焊接工序包括安全帽点焊、极耳焊接、电池壳体密封焊接及电池组焊等。动力电池用于焊接的材质主要有铜、镍、铝及铝合金、不锈钢等。动力电池制造过程焊接方法和工艺的合理选用，将直接影响电池的成本、质量、安全及电池的一致性等。下面将介绍两种常用的焊接工艺。各类电池产品焊接演示如图 3-15 所示，包含圆柱电池、软包电池、方形电池、超级电容器。

（1）激光焊

激光焊利用激光束优异的方向性和高功率密度等特性进行工作，通过光学系统将激光束聚焦在很小的区域内，在极短的时间内使被焊处形成一个能量高度集中的热源区，从而使被焊物熔化并形成牢固的焊点和焊缝。激光焊样品如图 3-16 所示。

图 3-15　各类电池产品焊接演示　　　　图 3-16　激光焊样品

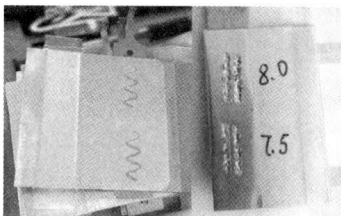

① 工艺参数及特点

影响激光焊质量的工艺参数比较多，如激光功率密度、激光脉冲波形、离焦量、焊接速度和辅助吹气等。

● 激光功率密度。

激光焊中存在一个激光功率密度阈值，低于此值，熔深很小，一旦达到或超过此值，熔深会大幅度提高。只有当工件上的激光功率密度超过此阈值（与材料有关），等离子体才会产生，这标志着稳定深熔焊的进行。如果激光功率密度低于此阈值，工件仅发生表面熔化，即焊接以稳定热传导型进行。而当激光功率密度处于小孔形成的临界条件附近时，深熔焊和传导焊交替进行，处于不稳定焊接状态，导致熔透深度（熔深）波动很大。激光深熔焊时，激光功率密度同时控制熔深和焊接速度。焊接的熔深直接与激光功率密度有关，且是入射激光功率和激光焦斑的函数。一般来说，对一定直径的激光束，熔深随着激光功率密度提高而增加。

激光功率密度是激光焊中最关键的参数之一。采用较高的激光功率密度，在几微秒内，可迅速将金属加热至熔点，形成良好的熔融焊接。激光功率密度由峰值功率和焊点面积决定，激光功率密度=峰值功率/焊点面积。在焊接高反射材料如铝、铜时，需要提高激光功率密度，也就是设定较大的电流或者功率，尽量在焦点附近焊接。

● 激光脉冲波形。

激光脉冲波形在激光焊（尤其薄片焊接）中十分重要。当高强度激光束射至材料表面时，金属表面将会有 60%～90%的激光能量因反射而损失掉，且反射率随表面温度不同而改变。在一个激光脉冲作用期间，金属反射率的变化很大。例如，正弦波适用于散热快的工件，飞溅小但熔深小；方波适用于散热慢的工件，飞溅大但熔深大。通过快速渐升、渐降功率的调整（见图 3-17 曲线包含上升、焊接和下降部分），可使焊件避免激光功率开关瞬间突开、突闭造成的焊缝起始气孔和收尾弧坑裂纹缺陷。

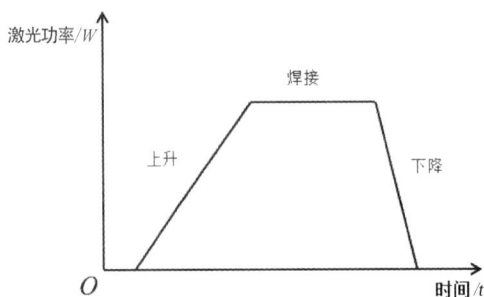

图 3-17　激光焊脉冲波形

● 离焦量。

离焦量是指工件表面偏离焦平面的距离。离焦位置直接影响拼焊时的小孔效应。离焦方式有两种：正离焦和负离焦。焦平面位于工件上方为正离焦，反之为负离焦。当正负离焦量相等时，所对应平面的功率密度近似相同，但实际上所获得的熔池形状不同。负离焦时，可获得更大的熔深，这与熔池的形成过程有关。实验表明，激光加热 $50\sim200\mu s$ 时材料开始熔化，形成液相金属并出现部分汽化，形成高压蒸气，并以极高的速度喷射，发出耀眼的白光；与此同时，高浓度气体使液相金属运动至熔池边缘，在熔池中心形成凹陷。负离焦时，材料内部功率密度比表面的高，易形成更强的熔化、汽化，使光能向材料更深处传递。所以实际应用中熔深较大时，应采用负离焦，焊接薄材料时宜采用正离焦。激光焊离焦量示意如图 3-18 所示（激光束向下打到焊件表面，图为正离焦状态）。

焦点位置：光斑最小、能量最大点。点焊，或者小能量且要求点小的时候可以使用。

负离焦位置：光斑略大，越远离焦点光斑越大，适合深熔的连续焊接及深熔点焊。

正离焦位置：光斑略大，越远离焦点光斑越大，适合表面密封焊的连续焊接或者熔深要求不高的场合。

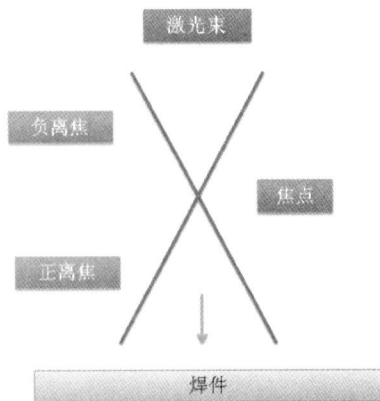

图 3-18　激光焊离焦量示意

● 焊接速度。

焊接速度决定了焊接表面质量、熔深、热影响区等。可以通过降低焊接速度或增大焊接电流来改善熔深，以延长设备使用寿命。

焊接速度对熔深影响较大，提高速度会使熔深变小，但速度过低又会导致材料过度熔化、工件焊穿。因此，一定激光功率和一定厚度的某特定材料有一个合适的焊接速度范围，以某一合适的速度焊接可获得最大熔深。

● 辅助吹气。

激光焊过程中常使用惰性气体来保护熔池，当某些材料焊接不计较表面氧化时则可不考虑保护，但对于大多数应用场合则常使用氦、氩、氮等气体进行保护，使工件在焊接过程中免受氧化。

辅助吹气在高功率激光焊中是必不可少的一道工序。一方面是为了防止金属材料溅射而污染聚焦镜（同轴保护气），另一方面是为了防止焊接过程中产生的高温等离子体过多集聚，阻挡激光到达材料表面（侧吹气）。辅助气体的种类和吹气量大小对焊接结果有较大影响，不同的吹气方法也会对焊接质量产生一定的影响。

② 激光焊的优点

能量集中，焊接效率高，加工精度高，焊缝深宽比大。激光束易于聚焦、对准及受光学仪器所导引，可放置在离工件适当的距离，可在工件周围的夹具或障碍间再导引，其他焊接法则因受到上述的空间限制而无法发挥。

热输入量小，热影响区小，工件残余应力和变形小；焊接能量可精确控制，焊接效果稳定，焊接外观好。

非接触式焊接，光纤传输，可达性较好，自动化程度高。焊接薄材或细径线材时，不会像电弧焊接般易有回熔的困扰。用于动力电池的电芯由于遵循轻便的原则，通常会采用铝材质，还需要做得更薄，一般壳、盖、底的厚度基本要求为 1.0mm 以下，主流厂家目前基本材料厚度均在 0.8mm 左右。

激光焊能为各种材料组合提供高强度焊接，尤其是在进行铜材料之间和铝材料之间焊接时更为有效。其也是唯一可以将电镀镍焊接至铜材料上的技术。

③ 激光焊的工艺难点

软包极耳焊接对焊接工装要求较高，必须将极耳压牢，保证焊接间隙。可实现 S 形、螺旋形等复杂轨迹的高速焊接，在增大焊缝接合面积的同时加强焊接强度。

圆柱电芯的焊接主要用于正极的焊接，这是因为负极部位壳体薄，极容易焊穿。因此，目前一些厂家采用的是负极免焊接工艺，正极采用的是激光焊。

方形电池组合焊接时，极柱或连接片被污染后，焊接连接片时，污染物分解，易形成焊接炸点，造成孔洞；极柱较薄、下有塑料或陶瓷结构件的电池，容易焊穿。极柱较小时，也容易焊偏致塑料烧损，形成爆点。此外在焊接时不要使用多层连接片，主要原因是层之间有孔隙，不易焊牢。

方形电池的焊接工艺最重要的工序之一是壳盖的封装，根据位置的不同分为顶盖和底盖的焊接。有些电池厂家由于生产的电池体积不大，采用了拉深工艺制造电池壳，只需进行顶盖的焊接。

目前，铝合金材料的电池壳占整个动力电池的 90% 以上。其焊接的难点在于铝合金对激光的反射率极高，焊接过程中气孔敏感性高，焊接时不可避免地会出现一些问题缺陷，其中主要是气孔、热裂纹和炸火。铝合金的激光焊过程中容易产生气孔，主要有两类：氢气孔和气泡破灭产生的气孔。由于激光焊的冷却速度太快，氢气孔问题更加严重，并且在激光焊中还多了一类由于小孔的塌陷而产生的孔洞。图 3-19 所示为焊接裂纹示意。

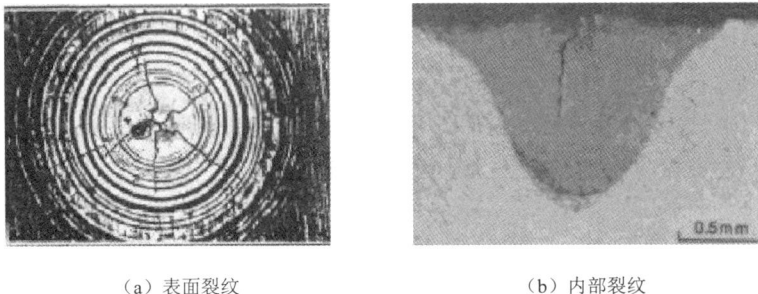

（a）表面裂纹　　　　　　　　　　　（b）内部裂纹

图 3-19　焊接裂纹示意

④ 激光焊注意事项

工艺部门需要反复调试、试验来得到可靠而稳定的焊接效果，从物料、工艺参数、工装夹具、人员培训等方面细化、落实，最终确保量产，质量稳定、可靠。下面介绍一些激光焊的注意事项。

焊接参数：焊接设备安装到位后，接下来就是焊接参数的设置和调试，只有通过反复试验才能找到各个产品的最佳参数。

工装夹具：激光焊时，需要焊件之间紧密贴合，尽量减少空隙，这样才能控制好焊接面平面度和紧实度，确保焊接效果。同时也要注意对焊渣的防范，避免焊渣溅射进电池包内部，造成安全隐患。图 3-20 所示为电池焊接工装及焊接的电芯模组。

焊接材质：验证完毕的材料型号、供应商甚至是生产批次，不要轻易改动；假设有必要改动，需要再次验证。此外，由于电芯等供应商提供的物料在其生产过程中部件可能改变，不同批次来料应验证后再量产。

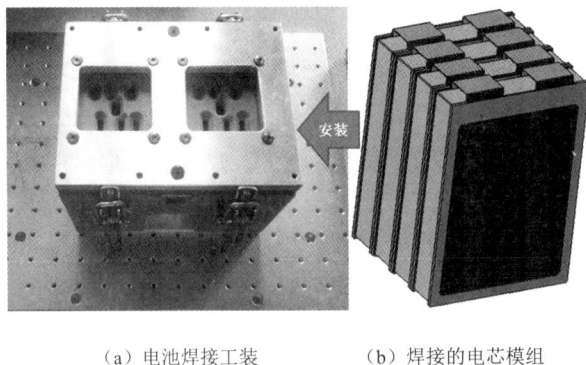

（a）电池焊接工装　　　（b）焊接的电芯模组

图 3-20　电池焊接工装及焊接的电芯模组

（2）电阻焊

电阻焊是一种热电过程。在这一过程中，电极以一定压力接触部件，在精确控制的时间内，电流通过电极和部件时在部件连接处产生热量。电阻焊热影响区非常小，焊接所需压力也很小，适用于从细金属丝到钣金件的金属焊接。

电阻焊作为一种比较成熟的工艺，运用广泛。比如单体与母排的焊接、电池极耳与并联导电条的连接等。由于设备简单、成本较低，在电池行业发展早期，电阻焊应用较多。

电阻焊虽然具有劳动条件好、不需另加焊接材料、操作简便、易实现机械化等优点，但也受到耗电量、电极棒更换、被焊材料导电性能、适用的接头形式及可焊工件厚度（或断面尺寸）等因素的限制。

① 电阻焊的原理

电阻焊是把工件置于一定电极压力作用下，并利用电流通过工件时所产生的电阻热将两工件之间的接触表面熔化而实现连接的焊接方法。

电阻焊的原理如图 3-21 所示，将材料夹紧于两电极之间，在施加一定的焊接压力后，焊接变压器在焊接区释放较大的电流，并持续一定的时间，直到焊件的接触面间出现真实的接触点后，再继续加大焊接电流让熔核持续地生长，此时焊接材料接触位置的原子不断被激活后形成熔化核心，最后焊接变压器停止通电，被熔化焊件材料遇冷凝固为焊点。电阻焊是利用电流流经工件接触面及邻近区域产生的电阻热效应将其加热到熔化或塑性状态，使之形成金属结合的一种方法。电阻焊方法主要有 4 种，即点、缝、凸、对。

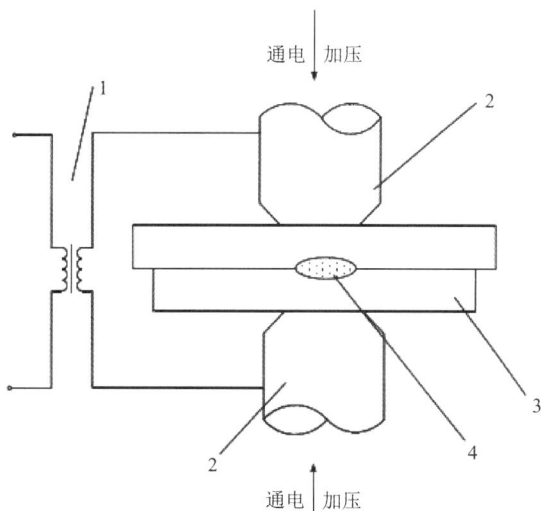

1—接变压器；2—电极；3—材料；4—熔化核心

图 3-21　电阻焊的原理

电阻焊的热源是电流送过连接区域产生的电阻热，根据式（3-13）所列的热量公式可知电阻焊的热量与焊接电流 I、两电极之间的电阻 R 及通电时间 T 相关。其中大部分热量用来形成点焊的焊点，少部分热量分散流失于焊点周围的金属中。形成焊点所需的电流与通电时间有关，若通电时间很短，则点焊时所需的电流将增大。

$$Q=I^2RT \tag{3-13}$$

两电极之间的电阻 R 随电阻焊方法的不同而不同，电阻点焊的电阻 R 是由两焊件的内部电阻 R_{w}、两焊件之间的接触电阻 R_{c} 和电极与焊件之间的接触电阻 R_{cw} 组成的。

② 电阻焊的 4 个阶段

点焊时，先加压使两个焊件紧密接触，然后接通电流。电流流过所产生的电阻热使局部金属被熔化形成液态熔核。断电后，继续保持压力或加大压力，使熔核在压力下凝固结晶，形成组织致密的点。焊完一个点后，电极（或工件）将移至另一个点进行焊接。当焊接下一个点时，有一部分电流会流经已焊好的点，称为分流现象。分流将使焊接处电流减小，影响焊接质量，因此两个相邻点之间应保持一定距离。影响焊点质量的主要因素有焊接电流、通电时间、电极压力和工件表面清洁情况等。点焊主要适用于薄板件，每次焊接一个点或多个点。

通常，电阻焊过程是由预压、焊接、维持和休止 4 个阶段所组成的。图 3-22 所示为电阻焊 4 个阶段的时序图。

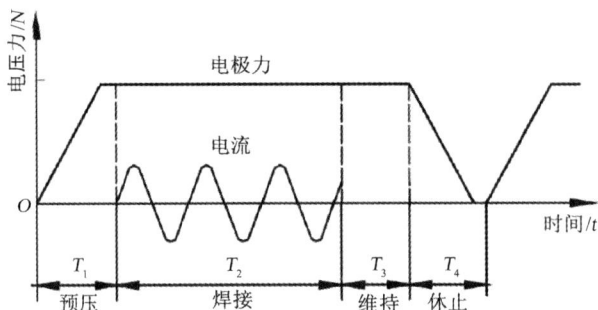

图 3-22　电阻焊 4 个阶段的时序图

- 预压阶段：此阶段主要完成电极压力的施加，在电极与焊件接触后，保持恒定的电极压力加持，以确保电流通道在通电过程中保持稳定，因此预压阶段需要有一定的持续时间。
- 焊接阶段：此阶段作为熔核成型的主要阶段，要求有效的焊接电流保持基本不变，或在小范围内浮动变化。在此阶段，焊区的温度分布经过非常复杂的变化之后逐渐稳定下来。起初，焊件间输入热量远大于消散热量，因此焊接区温度快速攀升，同时形成高温连接区，此时外部空气与焊接中心的熔化件处于阻隔状态，因此焊件材料不会与空气发生氧化反应。一定时间后，熔化区域变大，其塑性环也随之变大，直到输入热量与散失热量达到平衡、稳定状态。
- 维持阶段：此阶段中电极还是保持和前两个阶段相同的状态，只是此时不再有焊接电流通过。此阶段主要完成熔核中热量的消散，以冷却形成可靠点。
- 休止阶段：此阶段电流大小和电极压力均为 0。在电极回升的同时，移开被焊物体，开始准备下一个焊接过程。

③ 焊接效果参数

影响动力电池电阻焊质量的因素有很多，如电阻焊的两电极之间的电阻、电阻焊过程中的电流分流、焊接电流、焊接时间、电极压力和焊接电源等均会对电阻焊的质量产生一定的影响。焊接电流、焊接时间、电极压力与焊接电源是影响电阻焊质量的重要因素。

焊接电流。可以通过几种途径对电阻焊的加热过程产生影响：一是调节焊接电流有效值的大小，可使内部电源的热量发生显著变化；二是电阻焊时在两焊件接触点处会出现电流集中收缩现象，导致该处集中加热，首先出现塑性连接区，造成电阻焊时的不均匀发热情况。为改变这种不利因素，可选择不同的焊接电流波形、改变电极形状和端面尺寸等方式，改变电流场的形态，并控制电流的密度分布，以达到控制熔核形状及位置的目的。焊接电流过大，反而会导致母材过热，甚至会使电极端面损耗加重。

焊接时间。电阻焊时，电流通过两电极所产生的热量，一部分用于加热焊接区形成焊点，称为有效热量，在一定的焊件材料和一定的焊接区金属体积的情况下，这部分的热量是一定的，它与加热时间的长短无关；另一部分则在加热的同时，被传到电极、焊接区周围冷金属和空气中，称为损失热量，它是随着时间的延长而增加的。如果瞬时地进行焊接，那么损失热量将等于 0，总热量就等于有效热量，因此增加总热量时，不能采用任意延长焊接时间的方法。

电极压力。首先，电极压力对两电极间的总电阻影响显著，从而影响点焊过程中焊接热量的多少。其次，电极压力对焊接接头的散热性能有很大影响。当采用过小的电极压力时，两电极之间的电阻增大，产生了更多的焊接热量，而此时焊接接头的散热性较差，易引发前期飞溅；当电极压力过大时，两电极之间电阻较小，电流密度减小，导致焊接热量不足，而且接头散热量好转，这些都导致熔核尺寸变小，焊透率下降，严重时还会造成虚焊。因此，在选择电极压力时，应选择不产生飞溅的最小电极压力，既节能又能保证焊接质量。

焊接电源。电阻焊设备通常由主电源、控制装置及机械装置 3 个主要部分构成。其中，主电源是十分重要的一部分，选择符合需要的可控制的焊接电源是确保焊接质量的关键。主电源分为交流式焊接电源、逆变式焊接电源、次级整流式焊接电源和电容储能式电源。交流式焊接电源是所有电阻焊电源中应用最广泛的一种，其通用性强、经济、易控制、维护简单，被广泛用于碳素钢、奥氏体不锈钢等电阻率较高的材料的电阻焊。逆变系统受供电系统影响很小，三相负载平衡，对焊接电流的控制得到很大提升，测量精度大幅提高，在高速自动化的生产中得到广泛应用。

④ 电阻焊常见问题

焊接工艺是电芯模组生产中的关键工艺，如果控制不好，会导致产品存在严重缺陷和安全隐患。为了管控好焊接工序，从产品的设计、工艺到生产管控，都需要提前做好风险分析，尽量把不可控因素降到最少。

在生产中会遇到很多焊接不良的情况，表 3-2 所示为常见电阻焊问题及其原因。

表 3-2 常见电阻焊问题及其原因

序号	电阻焊问题	原因	序号	电阻焊问题	原因
1	烧穿焊点	1. 电极头接触不良； 2. 焊接电流过大； 3. 电极压力过大； 4. 焊件自身缺陷； 5. 焊接环境不净； 6. 工件厚度、材质差异	4	焊点有烧痕或划痕	1. 电极头冷却不良； 2. 焊接电流过大； 3. 电极端面粗糙； 4. 电极端面不净； 5. 工件表面不净
2	焊点压痕过大	1. 电极端面面积过小或变形； 2. 焊接电流过大； 3. 电极压力过大； 4. 上下电极未对准或端面不平	5	焊接过程中飞溅较大	1. 电极头冷却不良； 2. 焊接电流过大； 3. 电极压力不足； 4. 工件表面或电极端面不净； 5. 工件厚度、材质差异

续表

序号	电阻焊问题	原因	序号	电阻焊问题	原因
3	虚焊、焊点太小或强度不够	1. 焊接时间过短； 2. 焊接电流过小； 3. 焊接回路接触不良； 4. 电极压力过大； 5. 焊接环境不净； 6. 工件厚度、材质差异	6	焊点有裂纹	1. 上下电极未对准； 2. 焊接电流过大； 3. 工件本身缺陷； 4. 电极压力过小； 5. 工件表面不净

3. 打胶工艺

单纯的机械组装方案暴露的缺点越来越多，无法满足动力电池安全不断提升的要求，胶黏剂组装或者配合组装，弥补了机械组装的不足。应用在动力电池组装中的胶黏剂类型包括结构胶黏剂、导热胶黏剂、焊点保护胶和密封胶等。胶黏剂对于提升动力电池性能和安全性发挥着重要作用。用胶的目的大体分为4类：固定、传热、阻燃和防振。而胶的具体使用形式有垫片、灌封、填充等。

在热设计中往往需要考虑电池充放电功率与发热量和散热能力之间的平衡问题。锂离子电池的性能对温度极其敏感，获得适当的工作温度对充分发挥电池性能、维护合理的电池寿命都有重要意义。选择热传递介质，不仅要考虑其热传递能力，还要兼顾生产中的工艺、维护操作性、优良的性价比等。

（1）导热原理

导热胶主要由树脂基体［环氧树脂（Epoxy Resin，EP）、有机硅和聚氨酯（PolyUrethane，PU）等］和导热填料组成。导热填料的种类、用量、几何形状、粒径、混杂填充和改性等都对导热胶的导热性能有影响。固体内部导热载体主要为电子、声子（在介电体中，导热是通过晶格振动来实现的，晶格振动的能量是量子化的，这种晶格振动的量子称为声子）。金属内部存在着大量的自由电子，通过电子间的相互碰撞可传递热量；无机非金属晶体通过排列整齐的晶粒热振动导热，通常用声子的概念来描述；由于非晶体可看成晶粒极细的晶体，故非晶体导热也可用声子的概念进行分析，但其热导率远低于晶体；大多数聚合物是饱和体系，无自由电子，因此，在胶黏剂中加入高导热填料是提高其导热性能的主要方法。导热填料分散在树脂基体中，彼此间相互接触，形成"导热网络"，使热量可沿着导热网络迅速传递，从而达到提高胶黏剂热导率的目的。

（2）打胶方法

根据产品设计要求的不同，打胶主要分为4种工艺方法：点胶、涂胶、喷胶和灌胶。点胶一般在线束与连接片的焊接中比较常用，主要用来固定线束和防止焊接氧化；涂胶就是把胶按照工艺要求路径进行涂抹，是最常见的电芯固定方法之一；喷胶就是在高压下通过喷头把胶喷洒在电芯表面上的一种工艺；灌胶主要就是将胶灌进电池仓腔体内部，填充并凝固，使得电芯结构稳定，具有良好的导热性，业界俗称的无模组方案会用到这种方法。图 3-23 所示为4种打胶方法示意。

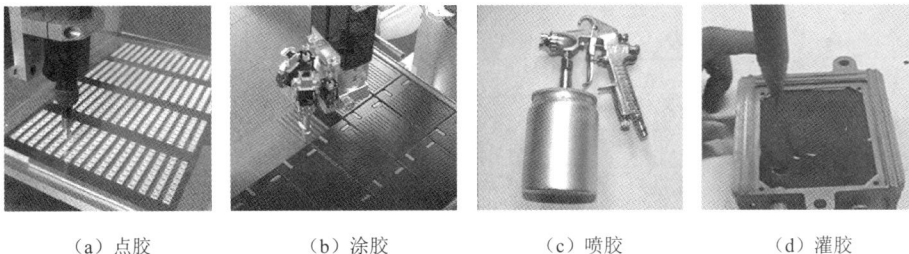

（a）点胶　　　（b）涂胶　　　（c）喷胶　　　（d）灌胶

图 3-23　4 种打胶方法示意

（3）导热胶的几种形式

在产品设计中，为了适应各种环境要求，对可能出现的导热问题都有妥善的处理方法。导热产品有非常多的细分类型，不限于动力电池系统内的应用，在各类导热设计中也可应用。下面①到⑦包含不同形式的导热胶，图 3-24 里是 4 种典型的导热胶。

① 相变导热绝缘材料

利用基材的特性，在工作温度中发生相变，从而使材料更加贴合接触表面，同时获得超低的热阻，能更加顺畅地进行热量传递。相变导热绝缘材料可用于填充模组间隙，向模组外部传递热量。

② 导热导电衬垫

高导热能力和低电阻的导热材料，一般在电子电器内部使用，其热传导能力和材料本身具备的柔韧性，很好地满足了功率器件的散热和安装要求。

③ 热传导胶带

热传导胶带用在发热器件与散热器之间的黏结，能同时实现导热、绝缘和固定的功能，能减小设备的体积，是降低设备成本的一项选择。

④ 导热绝缘弹性橡胶

导热绝缘弹性橡胶良好的导热能力和高等级的耐压，符合目前电子行业对导热材料的需求，是替代硅脂导热膏加云母片的二元散热系统的最佳产品。该类产品安装便捷，利于自动化生产和产品维护，是极具工艺性和实用性的新型材料。

⑤ 柔性导热垫

柔性导热垫是一种较厚的导热衬垫，专门为利用缝隙传递热量的设计方案生产，能够填充缝隙，完成发热部位与散热部位的热传递，同时还能起到减振、绝缘、密封等作用，很适合在电池模组内部使用。

⑥ 导热填充剂

导热填充剂也可以作为导热胶使用，不仅具有导热的功效，也是黏结、密封灌封材料。通过对接触面或罐状体的填充，传导发热部件的热量。圆柱电池模组是其典型的应用。

⑦ 导热绝缘灌封胶

导热绝缘灌封胶适用于对散热性要求高的电子元器件的灌封。该胶固化后导热性能好，绝缘性好，电气性能优异，黏结性好，表面光泽性好。只是胶用量太大时，电池包能量密度会被拉低。

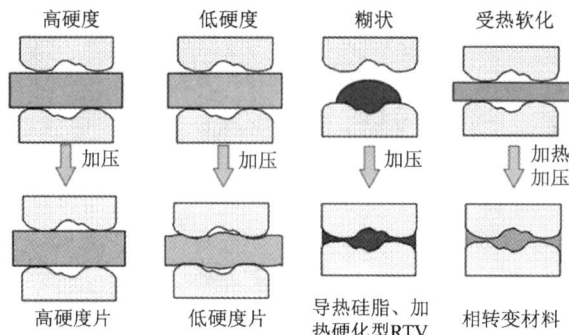

图 3-24　导热胶的几种形式

4. 气密性检测工艺

（1）防护等级

气密性检测是一项安全测试，一般要求产品达到 IP67 的防护等级，其中 IP 表明是标准型，6 表示固体中的防尘等级，7 表示液体中的防水等级。防护等级说明如表 3-3 所示。目前业界测试气密性的方法主要有 3 种：正压测试、负压测试和流量测试。选择标准以不低于客户和国家标准为原则，依照产线情况制定。

表 3-3　防护等级说明

数字	防尘等级（第一位数字）	防水等级（第二位数字）
0	无防护	无防护
1	防直径为 50mm 甚至更大的固体颗粒物物体尖端，或 50mm 直径的固体颗粒物不能完全穿透	防垂直下坠的水滴：垂直下坠的水滴不会造成有害影响
2	防直径为 12.5mm 甚至更大的固体颗粒物物体尖端，或 12.5mm 直径的固体颗粒物不能完全穿透	当外壳翘起达 15°时防垂直下坠的水滴：当外壳在垂直任何一侧以任何角度翘起不超过 15°时，垂直下坠的水滴不会造成有害影响
3	防直径为 2.5mm 甚至更大的固体颗粒物物体尖端，或 2.5mm 直径的固体颗粒物完全不能穿透	防水雾：在任何一垂直侧以任何不超过 60°的角度喷雾不会造成有害影响
4	防直径为 1mm 甚至更大的固体颗粒物物体尖端，或 1mm 直径的固体颗粒物完全不能穿透	防泼水：对着外壳从任何方向泼水都不会造成有害影响
5	灰尘防护：并不能完全防止灰尘进入，但不会达到妨碍仪器正常运转及降低安全性的程度	防喷水：对着外壳从任何方向喷水都不会造成有害影响
6	灰尘禁锢：灰尘无法进入，物体整个直径不能超过外壳的空隙	防强力喷水：对着外壳从任何方向强力喷水都不会造成有害影响
7	—	防短时浸泡：常温常压下，当外壳暂时浸泡在 1m 深的水里不会造成有害影响
8	—	防持续浸泡：在厂家和用户都同意，但是条件比较严酷的条件下，持续浸泡在水里不会造成有害影响

（2）测试方法

进行锂离子电池的气密性检测时，我们需要一台气密性检测仪、定制工装模具，将它们组合，接上气管与电源就可以完成锂离子电池的气密性检测。

具体测试方法如下。

① 将气密性检测仪和定制工装模具通过气管连接，设定气源部分的供气气压。

② 根据测试要求，通过气密性检测仪的测试程序设定好测试参数。

③ 放入待测的锂离子电池产品，开始检测。气密性检测仪会根据设置的参数自动判定产品是良品还是不良品。

不同的锂离子电池气密性检测仪的测试方法大同小异，唯一区别是根据客户的需求定制。有的客户因为生产线的产量高，所以选择多工位或者多通道的气密性检测仪；有的客户生产线产量不高，可能会选择单工位的气密性检测仪。测试原理基本上是相同的，只是在选型上不相同。由于锂离子电池的外形都不相同，工装模具都是单独定制的。

5. 动力电池下线测试

动力电池下线（End Of Line，EOL）测试是汽车电子产品下线前的功能检测，EOL 测试使用的是专用的 EOL 设备，设备中注入 EOL 测试软件，在产品下线前将产品连接到设备上检测产品功能是否正常。总体来讲，EOL 测试相关工作均属于工艺流程中的一部分，只有通过 EOL 测试后的产品才能安装在整车上。

EOL 综合测试系统通过设备集成的方式，将电池充放电测试、电池安规检测、电池参数测试、BMS 测试、辅助功能测试等多种功能集于一体，采用条码绑定、自动启动测试、自动判断测试结果的方法，实现整个工作流程的全智能化、自动化，以达到减少操作人员、提高测试效率的目的。测试范围包含电池本体及相关辅件、BMS 等。

（1）主要环节

新能源汽车动力电池作为汽车的主要核心部件，其性能直接决定整车的性能。因此，针对动力电池的测试是新能源汽车开发过程中必不可少的环节。常规性能实验，包含静态容量实验、荷电保持能力、充电接收能力、峰值功率实验、动态容量实验、充放电效率等；安全和稳定性实验包含电池组过充、过放试验；循环寿命试验；验证 BMS 的电压电流检测精度和能量估计状态测试。

（2）系统特点

数据可追溯性：自动测试软件具备数据库存储功能与查询功能，可以完成条码特征查询、时间段查询及组合查询等工作。

全自动测试：测试系统采用全自动过程，扫描后既可以自动启动测试过程，自动控制各种仪器与功率回路，自动模拟各种实验条件与充放电，自动完成测试项目，并且可以在完成测试后，自动写入出厂设置、生成报表并打印报表。

高精度，高回馈效率，极速动态响应：电池测试设备是专为电池组测试、电动汽车动力电池模拟而设计、开发的充放电设备。该系列设备具有高精度、宽范围动态，内置采集分析系统，能够模拟电池内阻与放电特性曲线。

协议兼容多样化，兼容多个体系电池测试：支持多种 CAN 数据配置模式，用户可以快速配置并将变量导入电池充放电测试软件，支持 CAN 动态解析数据与动力电池数据混合记录，支持 BMS CAN 数据自动更新配置。

安全保护高标准：这是测试系统的必要特点，要保证系统高可靠性与稳定隔离电压高安全性。

高效的数据保护：系统通过 CAN 与 MES 即时通信，进行自动化测试，并绑定测试对象条码进行数据采集，实现与 MES 信息交互。两套数据保存机制可最大限度地保证测试数据的安全性。

四、生产过程及控制

1. 完整产品流程

在讲解产品生产过程前，先简单介绍产品从需求到交付的基本流程。产品在生产过程中需要企业中的不同部门根据产品生产进程撰写各类产品文件，下文以具体的文件为思路进行简要说明。

产品开发任务书：由销售、产品部门联合制定的产品需求确认文件，目的是与需求方确认产品的基本信息，初步评估产品可行性、市场需求等开发前信息。其中可包含尺寸、质量、使用环境、电性能、竞品情况等。

总体设计方案：由产品设计及生产部门共同制定的一系列研发生产文件，包含设计方案、总体设计、分解设计、产品 BOM、供应商名录、生产作业指导书、产品测试验收标准等。设计方案包含公司核心技术，为公司机密。

产品规格说明书：由产品设计部门制定的产品规格书，在样品制成或试产测试后可定稿，用于内部查阅或者客户研究。

产品使用说明书：由销售部门制定的对外的产品使用说明书。

产品是实体工业的根本，如果一个公司没有良好的生产管控，其经营将面临巨大的风险。生产一个好的产品，公司不仅要在设计中追求精益求精，在 PACK 生产制造中也要严格把控，这样才能生产出有竞争力的产品。一般来说，PACK 生产都遵循 TS16949 体系的相关要求和规定。TS16949 是一项行业性的质量体系要求，涉及面非常广，包含产品的所有生产环节。在工艺和生产环节中，一般需要的文件有过程流程图（Process Flow Chart，PFC）、过程失效模式与影响分析（Process Failure Mode and Effect Analysis，PFMEA）、控制计划（Control Plan，CP）和标准作业程序（Standard Operating Procedure，SOP）书。

2. 过程流程图

为了将质量管理体系真正有效地落实到实际工作中，需要我们运用过程方法，识别过程、梳理流程。流程优化是解决企业效率问题的关键，它可以用来分析生产制造、设备、材料、方法和人力变化的各种原因。过程流程图有利于产品部门将注意力集中在过程上。

建立完善的生产管理流程，可以减少生产管理工作中不必要的环节，提高生产效率，提升企业竞争力。生产上常用的流程有生产订单管理流程、生产计划管理流程、生产物料领用流程、生产作业控制流程、产品检验工作流程、不合格品管理工作流程、生产设备使用管理流程、安全生产管理流程等。图 3-25 所示为安全生产管理流程，包含生产、质量、经理等部门的管理架构及流程图。

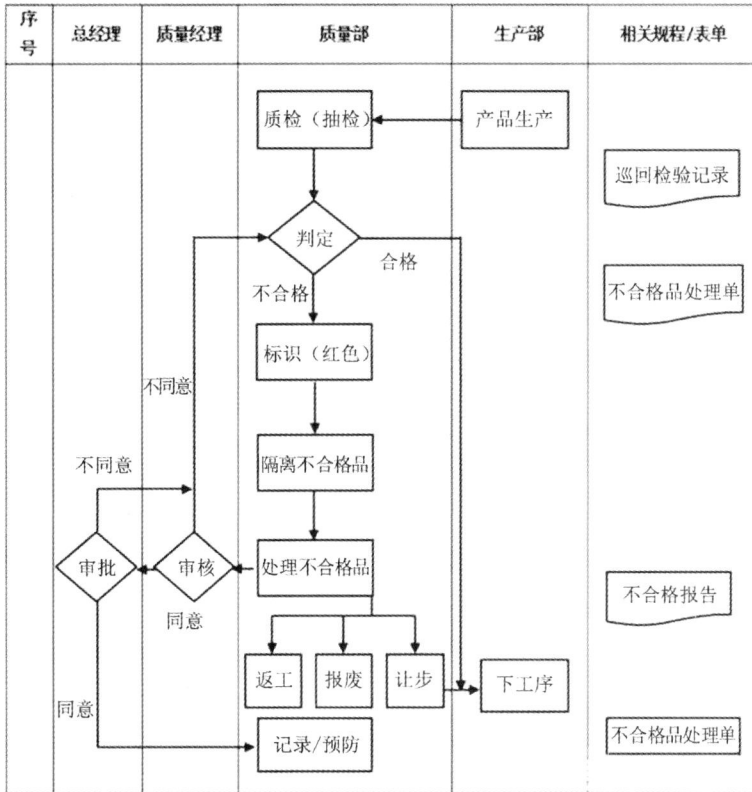

图 3-25　安全生产管理流程

3. 失效模式与影响分析

失效模式与影响分析（Failure Mode and Effect Analysis，FMEA）是一种用来确定潜在失效模式及其原因的分析方法。具体来说，通过实行 FMEA，可在产品设计或生产工艺真正实现之前发现产品的弱点，在原型样机阶段或在大批量生产之前确定产品缺陷。

FMEA 是一种实用的解决问题的方法，适用于不同的工程领域，目前世界上许多汽车生产商和电子制造服务商都已经采用这种方法进行设计和生产过程的管理和监控。

产品故障可能与设计、制造过程、使用、承包商/供应商及服务有关，因此 FMEA 又细分如下。

设计失效模式与影响分析（Design Failure Mode and Effects Analysis，DFMEA）。

过程失效模式与影响分析（Process Failure Mode and Effects Analysis，PFMEA）。

设备失效模式与影响分析（Equipment Failure Mode and Effects Analysis，EFMEA）。

体系失效模式与影响分析（System Failure Mode and Effects Analysis，SFMEA）。

其中 DFMEA 和 PFMEA 十分常用，下面以 PFMEA 举例。

PFMEA 是负责制造、装配的工程师或小组主要采用的一种分析技术，用以最大限度地保证各种潜在的失效模式及其相关的起因/机理已得到充分的考虑和论述。需要注意的是，虽然 PFMEA 不是靠改变产品设计来克服过程缺陷的，但它要考虑与计划的装配过程有关的产品设计特性参数，以便最大限度地保证产品满足用户的要求和期望。PFMEA 案例如表 3-4 所示。

表 3-4　PFMEA 案例

过程失效模式与影响分析

PFMEA

产品型号：		工序名称：	点焊段	FMEA 编号：
编制/日期：		审核/日期：		批准/日期：
		主要参加人员：		

过程功能/要求	潜在失效模式	潜在失效后果	严重度	级别	潜在失效原因	现行过程控制			不易探测度	风险顺序数	建议的措施	责任和目标完成日期	采取的措施	严重度数	频度数	不易探测度	风险顺序数
						预防	频度	探测									
电芯无：漏液、生锈、内阻超标等	漏液未检出	性能下降	7	①	来料不良	无	2	来料全检外观	2	28							
	生锈未检出	腐蚀	7	①	来料不良	无	2	来料全检外观	2	28							
	内阻超标未检出	内阻高，放电发热增加，寿命缩短	7	①	来料不良	无	2	设备全检内阻	2	28							
	内阻超标未检出	内阻低，放电容量减少，寿命缩短	7	①	来料不良	无	2	设备全检内阻	2	28							

PFMEA 一般包括下述内容。

（1）确定与产品相关的过程潜在故障模式，评价故障对用户的潜在影响。

（2）确定潜在制造或装配过程的故障起因，确定减少故障发生或找出故障条件的过程控制变量。

（3）编制潜在故障模式分级表，建立纠正措施的优选体系。

（4）将制造或装配过程文件化。

4. 控制计划

控制计划描述了过程的每阶段所需的控制措施，包括所有的过程输出处于控制状态的进货、过程中、出厂和阶段性要求。在正式生产运行中，控制计划提供了用来控制特性的过程监视和控制方法。期望过程是不断更新和改进的，因此控制计划反映了与这种过程的改变状况对应的战略。

控制计划在整个产品寿命周期中被保持并使用。在产品寿命周期的早期，它的主要目的是对过程控制的初始计划起到成文的、交流的作用，它指导在生产中如何控制过程并保证产品质量。最终，控制计划作为一份动态文件，反映当前使用的控制方法和测量系统。控制计划随着测量系统和控制方法的评价和改进而被修订。控制计划样表如表 3-5 所示。

表 3-5　控制计划样表

控制计划											
样件　　试生产　　生产 控制计划编号：			主要联系人/电话：			编制日期：			修订日期：		
零件编号、最新更改等级/水平：			核心小组：			客户工程批准/日期（如需要）：					
零件名称/描述：			公司/工厂批准/日期：			客户质量批准/日期（如需要）：					
公司/工厂：		公司代码：	其他批准/日期：			其他批准/日期（如需要）：					
零件/ 过程 编号	过程名称/ 操作描述	机械设备、 装置、工装 或工具	特性			特殊特性 分类	方　　法				反应 计划
			编 号	产 品	过 程		产品/ 过程/ 规范/ 公差	评价/ 测量 技术	取样 容量　频率	控制 方法	

（1）开发控制计划

为了达到过程控制和改进有效性，应对过程有基本的了解。为了对过程有更好的了解，需要建立一个多方论证小组，利用所有可用的信息来开发控制计划，这些信息包括以下内容。

① 过程流程图。

② 系统/设计/过程失效模式及后果分析。

③ 特殊特性。

④ 从相似零件得到的经验。

⑤ 小组对过程的了解。

⑥ 设计评审。

⑦ 优化方法。

（2）制订并实施控制计划的益处如下。

① 质量：控制计划方法减少了浪费并提高了在设计、制造和装配中的产品质量。这一结构性方法为产品和过程提供了完整的评估。

② 客户满意度：控制计划着重于将资源用于与重要（对客户来说）的特性有关的过程和产品。将资源正确分配在这些重要项目上有助于在不影响质量的情况下降低成本。

③ 交流：作为一个动态文件，控制计划明确并传达了产品/过程特性、控制方法和特性测量中的变化。

④ 控制计划覆盖如下 3 个不同的阶段。

- 原型样件制作：对将会出现在原型样件制造中的尺寸测量、材料和性能试验进行描述。如果客户要求，组织应有原型样件控制计划。

- 投产前：对将会出现在原型样件制造后和全面生产前的尺寸测量、材料和性能试验进行描述。投产前被定义为在原型样件制造后产品实现过程中可能要求的一个生产阶段。

- 生产：对出现在大规模生产中的产品/过程特性、过程控制、试验和测量系统进行描述。

每个零件编号有一个控制计划，但是在很多案例中，一个控制计划可以覆盖采用了共同过程所生产的一类相似零件。控制计划是质量计划的输出。

5. 标准作业指导书

标准作业指导（SOP）书指将某一事件的标准操作步骤和要求以统一的格式描述出来，用来指导和规范日常的工作。

企业在快速发展的同时急需"新鲜血液"进行补充，员工培训则成了重要的问题：员工的知识面参差不齐，个性差别明显；培训缺乏专职培训人员，培训周期长，专业的培训人员一线知识相对偏少；老员工带新员工或者师傅带徒弟的方式，不可能面面俱到，培训时间短，传承效果差等。SOP 书的精髓，就是对细节进行量化，用更通俗的话来说，SOP 书就是对某一程序中的关键控制点进行细化和量化。

SOP 书其实是一个文档，这个文档详细定义了某一项工作的工作流程和方法要求，具体作用如下。

- 对做事目标和流程更加清晰，提升效率。

- 开展管理工作，让新人快速上手陌生的工作。

SOP 书的核心价值有如下两个方面。

- 对个人：提升工作效率，在工作刚接手或复杂情况下帮助其梳理流程。

- 对群体：建立某项工作的标准，推动事情进展，提升群体工作效率。

SOP 书样板如图 3-26 所示，仅供参考。

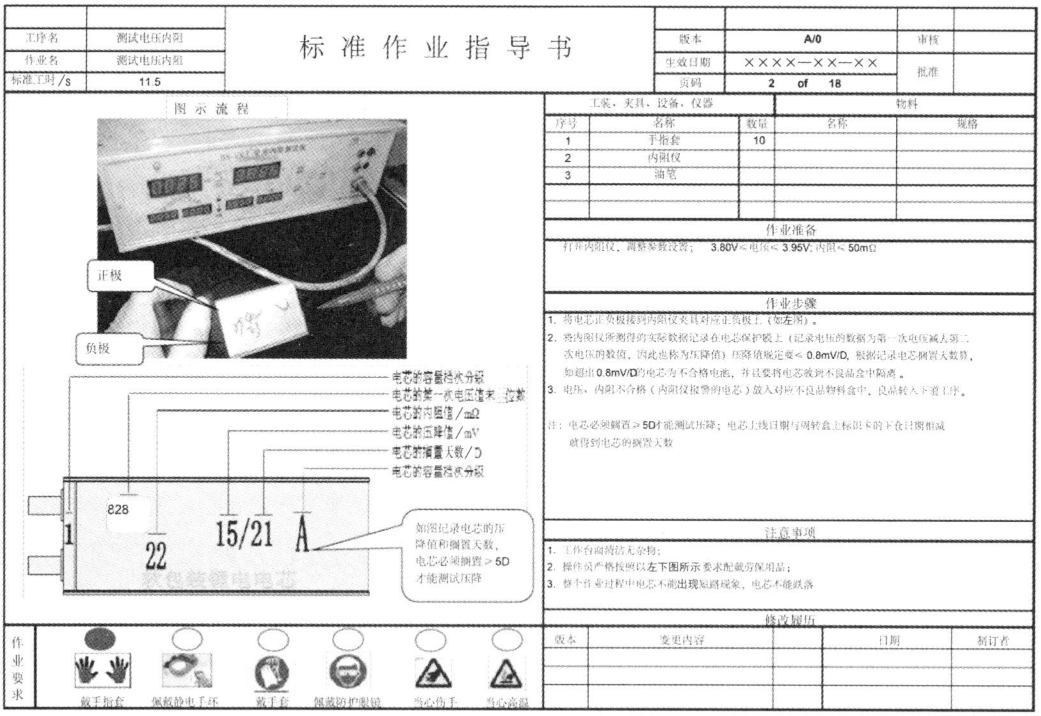

工序名	测试电压内阻	标准作业指导书	版本	A/0	审核	
作业名	测试电压内阻		生效日期	××××—××—××	批准	
标准工时/s	11.5		页码	2 of 18		

图示流程

工装、夹具、设备、仪器			物料	
序号	名称	数量	名称	规格
1	手指套	10		
2	内阻仪			
3	油笔			

作业准备

打开内阻仪，调整参数设置；　3.80V≤电压≤3.95V；内阻≤50mΩ

作业步骤

1. 将电芯正负极接到内阻仪夹具对应正负极上（如左图）。
2. 将内阻仪所测得的实际数据记录在电芯保护膜上（记录电压的数据为第一次电压减去第二次电压的数值，因此也称为压降值）压降值规定要≤0.8mV/D，根据记录电芯搁置天数算，如超出0.8mV/D的电芯为不合格电池，并且要将电芯放到不良品盒中隔离。
3. 电压、内阻不合格（内阻仪报警的电芯）放入对应不良品物料盒中，良品转入下道工序。

注：电芯必须搁置≥5D才能测试压降；电芯上线日期与周转盘上标识卡的下仓日期相减就得到电芯的搁置天数

注意事项

1. 工作台面清洁无杂物；
2. 操作员严格按照以左下图所示要求配戴劳保用品；
3. 整个作业过程中电芯不能出现短路现象，电芯不能跌落

作业要求：戴手指套　佩戴静电手环　戴手套　佩戴防护眼镜　当心伤手　当心高温

修改履历

版本	变更内容		日期	制订者

图 3-26　SOP 书样板

知识扩展：专利知识

在电池 PACK 设计的工艺中会出现很多原创的思路和方法，为了维护企业原创技术知识产权，将撰写专利。专利一般由设计人、发明人撰写，有些企业有专门的撰写专利的职位。下面介绍一些专利基础知识。

1. 专利简介

专利是主权国家和发明人之间订立的协议，发明人必须充分地公开其技术，让所有人都能学习，从而推动整个人类社会的科技进步。作为对发明人的回报，主权国家允许发明人获得一段时间内的必要的经济独占权。因此专利的核心本质是新技术的共享和开放。任何人都可以查阅国家知识产权局的资料，获知发明人所贡献的技术。试想如果没有专利制度，那么技术发明人可能会为了自己的利益而千方百计保密；其他人也许永远都无法得知其所发明技术的细节，或者一些技术刚发明出来就被无偿窃取，这会打击发明人的积极性。

2. 专利的种类

（1）发明专利

发明专利指的是对产品、方法或者其改进所提出的新的技术方案。发明必须是一种技术方案，而不是对自然规律的发现、总结。发明总的归纳为两类：一类是方法发明，另一类是产品发明。方法发明是指为解决某特定技术问题而采用的手段和步骤，通常包括制造方法和操作使用方法两大类，前者如产品制造工艺、加工方法等；后者如测试方法、产品使用方法等。产品发明是指关于新产品或新物质的发明，无论是产品还是物质都是自然界原本不存在

的，是人利用自然规律创造出来的事物。

（2）实用新型专利

实用新型专利指的是对产品的形状、构造或者其结合所提出的适于实用的新的技术方案。实用新型专利只对产品进行保护，而不保护方法。简单地说实用新型专利就是工业生产出来的各种有形状、有结构的物体。

（3）外观设计专利

外观设计专利指的是对产品的形状、图案或者其结合，以及色彩与形状、图案相结合所做出的富有美感并适于工业上应用的新设计。外观设计专利和实用新型专利一样也是对产品进行保护。不能重复生产的手工艺品、农产品、畜产品、自然物等都不能申请外观设计专利。

3. 权利与义务

（1）权利

专利权人对自己享有的专利拥有实施许可权、转让权和标示权。实施许可权指的是专利权人可以许可其他人实施其专利技术并收取相应的专利使用费。转让权指的是专利权人可以把自己的专利权转让给其他人。专利转让必须制定书面合同，并向国务院专利行政部门申请登记，由国务院专利行政部门予以公告，专利权的转让自登记之日起生效。中国单位或者个人向外国人转让专利权的，必须经国务院有关主管部门批准。标示权指的是专利权人有权在专利产品或者该产品的包装上标明专利标记和专利号。

（2）义务

专利权人在享有法律赋予的权利的同时也必须履行一定的义务。专利权人的义务主要是缴纳专利年费。《中华人民共和国专利法》第 43 条规定：专利权人应当自被授予专利权的当年开始缴纳年费。未按规定缴纳年费的，可能导致专利权终止。

4. 专利检索与专利文本撰写

（1）专利检索

撰写专利前必须检索有无类似专利，避免重复。检索的平台有很多，国家知识产权局的检索网站（专利检索及分析系统）当然是首选，此外还有中国知网、万方数据知识服务平台、世界知识产权组织（World Intellectual Property Organization，WIPO）数据库、欧洲专利局数据库等。

一般来说，专利检索专指专利文本内容的检索。在这种检索中，可以输入关键词来检索专利文本的标题、摘要、关键词、权利要求书和说明书的内容；也可以输入分类号来检索。国家的主要专利机构都有义务公开专利文本信息，也就是说这些国家专利局的网站都会提供专利文本的检索系统。

（2）专利文本撰写

在电池 PACK 中，一般可撰写产品结构设计、PACK 工艺、专用工装夹具、产品外观等专利的文本。注意撰写专利文本是为了保护知识产权，其格式方法可参考同类文本，既要突出技术重点，也要适当修饰。撰写完毕后可交由专利代理机构递交，也可以本人递交。专利文本撰写技能是技术开发、管理人员必须掌握的技术，撰写技能需要通过实践来磨炼。

【项目实训】

实训工单 3-1　电池 PACK 基本设计及计算

通过此实训工单，学生能够加深对电动汽车上动力电池类型的了解。通过对比各类动力电池特性，充分了解各类电池的优缺点，了解技术进步的基本原理。后附实训工单 3-1。

实训工单 3-2　专利知识

通过此实训工单，学生能够学会专利的检索，找到需要的专利，同时能够了解专利的组成，最后通过项目的实施，掌握一定的专利撰写技能。后附实训工单 3-2。

【项目小结】

本项目首先通过对数个电池的基本计算公式的学习，使学生掌握电池参数计算和设计的基本计算；而后讲解了电池 PACK 关键技术，通过系统集成、设计选型、电子电气设计、热量、安全等技术关键点，使学生了解 PACK 设计过程的注意点和难点；而后通过电芯分选、焊接、打胶等具体工艺方法，使学生了解电池 PACK 关键工艺；最后学生学习了电芯的生产过程及控制方法，了解了产品从开发到生产的过程；通过知识扩展学生可以了解更多的专利知识。实训工单 3-1 可以帮助学生掌握电池 PACK 基本设计及计算；实训工单 3-2 可以帮助学生学习专利检索知识，同时掌握一定的专利文本撰写技巧。

项目四
电芯及系统生产工艺

【项目目标】

学习本项目，学生应该达到以下目标。

知识目标

（1）了解电芯关键材料。

（2）了解电芯生产工艺。

（3）了解动力电池模组工艺。

（4）了解锂离子电池二次利用。

能力目标

（1）能够简述电芯关键材料和基本作用。

（2）能够简述电芯生产工艺。

（3）能够简述动力电池模组工艺。

（4）能够简述锂离子电池二次利用方法。

素养目标

（1）培养敬业精神和职业意识。

（2）培养生产管理思维及逆向思维能力，逐步形成良好的职业基础素养。

【项目导入】

近年来，我国新能源汽车行业快速发展，带动锂离子电池市场持续扩大。锂离子是一类由锂金属或锂合金为负极材料、使用非水电解质溶液的电池。锂离子电池在传统领域主要应用于数码产品，在新兴领域主要应用于动力电池、储能领域。中国拥有丰富的锂资源和完善的锂离子电池产业链，以及庞大的基础人才储备，在锂离子电池及其材料产业发展方面，成为全球最具吸引力的国家之一，并且已经成为全球庞大的锂离子电池材料和电池生产基地。

电动汽车需求量提升带动锂离子电池行业订单增加，同时推升了锂离子电池的制造。《中国锂离子电池行业发展白皮书（2023年）》数据显示，2022年，全球锂离子电池总体出货量957.7GW•h，同比增长70.3%。中国锂离子电池出货量达到660.8GW•h，同比增长97.7%，超过全球平均增速，且在全球锂离子电池总体出货量的占比达到69.0%。根据工业和信息化部公布的数据，2022年全国锂离子电池产量达750GW•h，同比增长超过130%，行业总产值突破1.2万亿元，是上一年行业总产值6000亿元的约两倍。

刀片电池、半固态电池、固态电池、无钴电池、钠离子电池、硅负极等技术的提出及不断突破，使锂电行业发展迅速。在钻研更新的技术之前，我们有必要学习动力电池行业已经成熟的锂离子电池制造行业，了解电芯的制造工艺、电芯的制造材料及电池模组的制造工艺。

通过本项目的学习，我们可以了解电芯及模组制造的基本流程，可以更加充分地理解电池的工艺原理，以及各类电池的产品特点，有利于我们形成产品制造思维并提升职业素养。

【知识准备】

微课

电芯关键材料

一、电芯关键材料

锂离子电池的应用场景主要分为 3 类：消费类（消费电子、电动工具等）、动力类（电动汽车）、储能类（通信基站备用电源、电力电网储能、家庭电力储能等）。

在动力电池领域，固态电池、钠离子电池、无钴电池等技术不断被提出，然而新技术的实践及商业化需要很长时间。在此我们以目前应用十分广泛的锂离子电池为例，其主要构成材料有正极材料、负极材料、隔膜和电解液。材料成本占据锂离子电池成本较大比例，很多原材料都属于大宗商品（例如锂矿石、钴材料等），在产业链中十分重要。了解电池材料有助于理解电池及电动汽车的特性，下面针对锂离子电池几个关键材料进行分析。

1. 正极材料

近年来，我国新能源汽车产销量的双丰收带动了整个上下游产业链快速发展，特别是对动力电池的需求量不断攀升。正极材料是锂离子电池电化学性能的决定性因素，直接决定电池的能量密度及安全性，进而影响电池的综合性能。动力电池成本占新能源整车制造成本的30%～40%，要使新能源汽车更具价格优势，具备足够的市场竞争力，必须降低动力电池成本。在动力电池的构成成本中，正极材料的成本超过 40%（相当于占整车制造成本的 16% 左右），其成本直接决定了电池整体成本的高低，因此正极材料在锂离子电池中具有举足轻重的作用，并直接引领锂离子电池产业的发展。

2022 年上半年，中国三元正极材料产量总计为28.5 万吨，同比去年上半年上升 45%，环比去年下半年上升 17%。与 2021 年上半年相比，中低镍、高镍均有所上升，其中高镍增量明显，可见下游对于高镍的材料的应用度有所提升。从企业市场份额来看，2022年上半年正极三元企业竞争依然胶着，头部几家三元企业之间差距较小，容百科技以微弱优势领先。图 4-1所示为 2022 年上半年我国三元正极 TOP5 生产商市场占有率。在"碳达峰、碳中和"的背景下，发展新能源已成为全球共识，新能源汽车的快速发展驱动锂电池产业迅速扩容，为锂电池正极材料行业提供了广阔的市场空间。

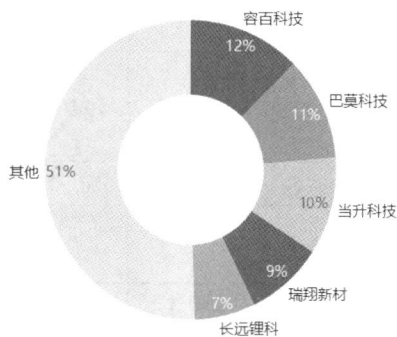

图 4-1　2022 年上半年我国三元正极 TOP5 生产商市场占有率

正极材料是决定锂离子电池性能的关键材料之一，也是目前商业化锂离子电池中主要的锂离子来源，其性能和价格对锂离子电池的影响较大，直接影响锂离子电池的能量密度和性能。锂离子电池可按照正极材料体系来划分，主要分为钴酸锂（LCO）、锰酸锂（LMO）、磷酸铁锂（LFP）、三元材料［镍钴锰酸锂（NCM）和镍钴铝酸锂（NCA）］等技术路线。

钴酸锂的能量密度高、成本高（采用的贵金属钴较多），对电池价格并不敏感的消费电子多数使用钴酸锂，其缺点是循环寿命较短。锰酸锂的能量密度较低、寿命较短但成本低，主要应用于专用车辆。

磷酸铁锂的寿命长、安全性好、成本低。2009—2016 年，磷酸铁锂凭借其优势特性，成为乘用车领域（即 9 座以下）、商用车领域（9 座以上，或以载货为主要目的）的主流选择。2016 年后，在汽车消费者对续航能力的高要求、政策对高能量密度电池倾斜的背景下，三元材料凭借着高能量密度在乘用车领域异军突起，但商用车领域依然主要使用磷酸铁锂。

我国"十三五"规划将新能源汽车行业作为坚定支持的战略性新兴产业。在国家政策的鼓励下，我国已是全球最大的新能源汽车市场之一，新能源汽车发展呈现产品及配套设施不断完善、销量快速增长的趋势。新能源汽车市场的增长带动了正极材料出货量。在政策的影响和乘用车消费者对更强续航能力的需求下，高能量密度的三元电池已经成为市场主流，三元材料市场在未来还将保持增长。虽然在与磷酸铁锂离子电池的竞争中，三元锂离子电池在安全性和稳定性上略逊一筹，但却具有其他电池无法比拟的电池能量密度、耐低温、续航里程优势。表 4-1 所示为不同正极材料的性能对比。

表 4-1 不同正极材料的性能对比

性能指标	钴酸锂 LCO	锰酸锂 LMO	磷酸铁锂 LFP	三元材料			
				NCM 523	NCM 622	NCM 811	NCA
材料结构	层状氧化物	尖晶石	橄榄石	层状氧化物			
成分	$LiCoO_2$	$LiMn_2O_4$	$LiFePO_4$	$Li(Ni_xCo_yMn_z)O_2$			$Li(Ni_xCo_y AL_z)O_2$
理论放电比容量/[(mA·h)·g^{-1}]	274	148	170	278	277	276	275
实际放电比容量/[(mA·h)·g^{-1}]	135～140	100～130	130～150	155	165	190	180～220
循环寿命/次	500～1 000	500～2 000	2 000	800～2 000			500～2 000
安全性	较差	良好	优秀	随着镍含量增大，热稳定性等安全相关性能下降			较差
原料资源	钴资源贫乏	锰资源丰富	磷与铁资源丰富	钴资源贫乏			
优点	充放电稳定，生产工艺简单	资源丰富，价格低，易制备	安全性好，价格低，循环性能好	电化学性能稳定，能量密度高，循环性能较好			电化学性能稳定，能量密度高
缺点	价格昂贵，循环性能较差，安全性较差	能量密度低，循环性能较差	能量密度低，一致性差，低温性差	部分金属原料价格昂贵			

三元正极由镍钴锰（铝）酸锂复合材料组成，由于上游钴资源相对贫乏且供给集中成本较高、价格波动大，高镍能够减轻上游原材料限制、降低成本。高镍三元材料有低温性能稳定、衰减弱，能量密度优势明显与综合成本理论上比磷酸铁锂的低 10% 左右 3 个优势。在价格方面，随着后续高镍工艺的成熟，且无模组（Cell To Pack，CTP）技术等的应用，高镍成本下降曲线更陡，预计 2023—2024 年高镍三元材料成本将低于 5/6 系三元材料的成本，2027—2028 年成本将低于磷酸铁锂离子电池的成本，最终理论成本将比磷酸铁锂离子电池的成本低 10%～15%。图 4-2 所示为高镍三元材料的优势。

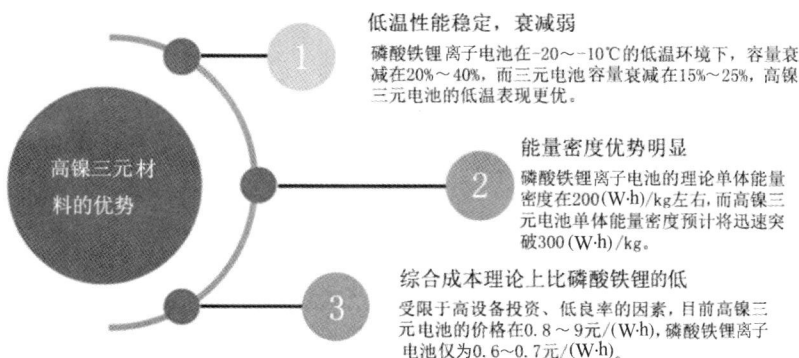

低温性能稳定，衰减弱

① 磷酸铁锂离子电池在-20～-10℃的低温环境下，容量衰减在20%～40%，而三元电池容量衰减在15%～25%，高镍三元电池的低温表现更优。

能量密度优势明显

② 磷酸铁锂离子电池的理论单体能量密度在200(W·h)/kg左右，而高镍三元电池单体能量密度预计将迅速突破300(W·h)/kg。

综合成本理论上比磷酸铁锂的低

③ 受限于高设备投资、低良率的因素，目前高镍三元电池的价格在0.8～9元/(W·h)，磷酸铁锂离子电池仅为0.6～0.7元/(W·h)。

高镍三元材料的优势

图 4-2　高镍三元材料的优势

动力电池的正极材料需要具备以下特点。

（1）具有较高的氧化还原反应电位，使锂离子电池达到较高的输出电压。高电压材料的电芯可减少电池组电芯串联数量，简化系统。

（2）锂元素含量高，材料堆积密度高，使锂离子电池具有较高的能量密度。例如磷酸铁锂的锂含量低于三元锂材料，能量密度也相对较低。

（3）化学反应过程中的结构稳定性要好，使锂离子电池具有长循环寿命。基本上，电池在重复充放电的同时，材料也在衰退，产生副反应，电池释放能量时会产生更多热，可能引发安全问题。

（4）电导率要高，使锂离子电池具有良好的充放电倍率性能。在大倍率放电时，根据欧姆定律，在内阻不变情况下会放出更多热量，因此大倍率特性的电池需要有极小的内阻，防范安全事故发生。

（5）化学稳定性和热稳定性要好，不易分解和发热，使锂离子电池具有良好的安全性，以应对越来越高的车辆安全需求。

（6）价格便宜，使锂离子电池的成本足够低，便于商业化。

（7）制造工艺相对简单，便于大规模生产。

（8）对环境的污染低，易于回收、利用。

2. 负极材料

锂离子电池的负极材料主要有锡基材料、锂基材料、钛酸锂、碳纳米材料、石墨烯材料等。锂离子电池负极材料的能量密度是影响锂离子电池能量密度的主要因素之一，锂离子电池的负极材料为锂离子电池的 4 个核心材料之一。

负极材料按照所用活性物质，可分为碳系材料和非碳系材料两大类：碳系材料包括石墨材料（如天然石墨、人造石墨及中间相碳位球）与其他碳系材料（如硬碳、软碳和石墨烯）；非碳系材料可细分为钛基材料（如钛酸锂）、硅基材料（如硅碳负极材料）和其他非碳系材料（如锡基材料、氮化物和金属锂）。图 4-3 所示为负极材料分类。

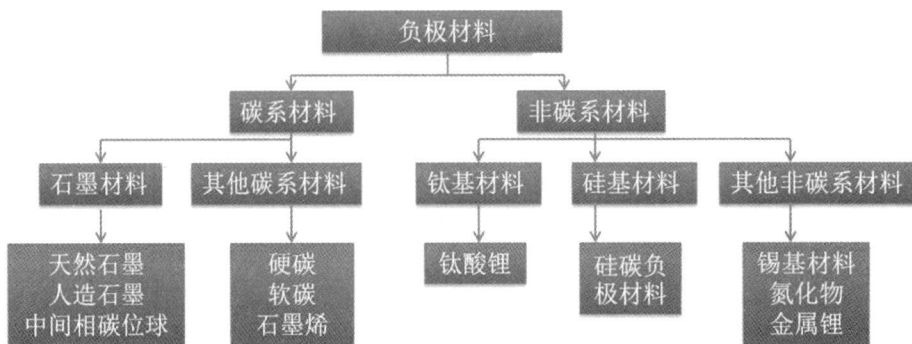

图 4-3　负极材料分类

与正极材料不同，锂离子电池负极材料虽然制作方法同样众多，但是最终产品却很单一，人造石墨是绝对主流。《中国负极材料行业发展白皮书（2023 年）》中数据显示，2022 年全球负极材料出货量达到 155.6 万吨，同比增长 71.9%，其中我国负极材料出货量同比增长 84.0%，达到 143.3 万吨。我国企业负极材料出货量全球占比继续提升，2022 年已经超过 90%。展望未来，预计在下游锂离子电池需求量的带动下，全球负极材料出货量在 2025 年和 2030 年将分别达到 331.7 万吨和 863.4 万吨，其中 90% 以上将是中国企业生产。从我国人造石墨全年贡献来看，TOP6 企业仍是主力军，2022 年我国负极材料竞争格局如图 4-4 所示。

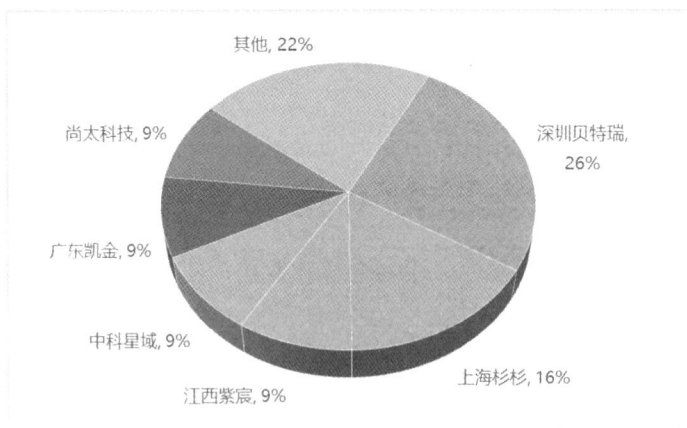

图 4-4　2022 年我国负极材料竞争格局

相较于其他材料，人造石墨循环性能好、安全性优且工艺成熟、原材料易获取、成本较低，是非常理想的选择。石墨作为负极材料核心的问题是放电比容量的理论上限为 372(mA·h)/g，而行业"头部"公司的产品已可实现 365(mA·h)/g 的放电比容量，逼近理论极限，未来的提升空间极为有限，急需寻找下一代替代品。

新一代的负极材料中，硅基是热门候选者。其具有极高的能量密度，理论放电比容量可达 4 200(mA·h)/g，远超石墨类材料。但作为负极材料，硅基也有严重缺陷，锂离子嵌入会导致严重的体积膨胀，破坏电池结构，造成电池容量快速下降。

目前通行的解决方案之一是使用硅碳复合材料，硅颗粒作为活性物质，提供储锂容量，碳颗粒用来缓冲充放电过程中负极的体积变化，并改善材料的导电性，同时避免硅颗粒在充放电循环中发生团聚。基于此，硅碳负极材料被认为是前景最佳的技术路线之一，逐渐获得产业链内企业的关注。特斯拉的 Model 3 已经使用了掺入 10%硅基材料的人造石墨负极电池，其能量密度成功实现 300(W·h)/kg，大幅领先采用传统技术的电池。

不过与石墨负极材料相比，硅碳负极材料除了加工技术仍不成熟外，较高的成本也是其发展障碍。当前的硅碳负极材料市场价格超过 15 万元/吨，是高端人造石墨负极材料的两倍。未来其量产后，电池制造商也会面临与正极材料相似的成本控制问题。

负极材料需要具备以下特点。

（1）应为层状或隧道结构，以利于锂离子的脱嵌。

（2）在锂离子脱嵌时无结构上的变化，具有良好的充放电可逆性和较长的循环寿命。

（3）锂离子在其中应尽可能多地嵌入和脱出，以使电极具有较高的可逆容量。

（4）氧化还原反应的电位要低，与正极材料配合，使电池具有较高的输出电压。

（5）首次不可逆放电比容量较小。

（6）与电解质溶剂相容性好。

（7）资源丰富、价格低廉。

（8）安全性好。

（9）对环境友好。

3.隔膜

锂离子电池隔膜作为锂离子电池的重要组成部分，起着分隔正负极、防止电池内部短路、允许电解质离子自由通过、完成电化学充放电过程的作用。其性能决定了电池的界面结构、内阻等，直接影响电池的容量、循环性能及安全性能等。性能优异的隔膜对提高电池的综合性能具有重要的作用，被业界称为电池的"第三电极"。

目前全固态电池，因其较高的安全性能、高的能量密度，在动力电池技术路线中作为下一代电池的呼声很高。如果实现全固态电池，则对隔膜行业可能是一个巨大的冲击。但就现状来看，要彻底实现全固态电池商业化还有一段时间，而且，隔膜是否会因此消失，还很难定论。

隔膜是锂离子电池中的关键内层组件之一，市场上锂离子电池隔膜主要分为干法隔膜与湿法隔膜两种，两者在原理和工艺上有非常大的区别。其中，湿法隔膜厚度均匀性更好，拉伸度更高，更适用于高能量密度的三元电池。

隔膜的制作工艺主要分为湿法和干法，干法又分为单向拉伸和双向拉伸。隔膜生产主要需要两种材料：聚丙烯（PolyPropylene，PP）和聚乙烯（PolyEthylene，PE）。干法更多的是生产 PP 隔膜，湿法则生产 PE 隔膜。

PP 相对于 PE 更耐高温；PP 的密度比 PE 的小，熔点和闭孔温度比 PE 的高；PP 制品相对于 PE 制品更脆；PE 对于环境应力更敏感。正因为它们各自的特性，在现有隔膜生产中，我们采用 PP、PE 复合隔膜，来实现更佳的功能。图 4-5 所示为干法及湿法制备的隔膜扫描电镜微观图。

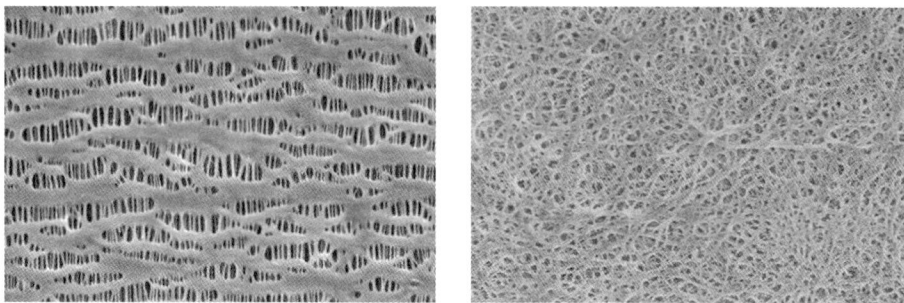

（a）干法 　　　　　　　　　　　　　　（b）湿法

图 4-5　干法及湿法制备的隔膜扫描电镜微观图

作为隔膜，需要满足的基本功能如下。

（1）具有电子绝缘性，保证正负极的机械隔离。

（2）有一定的孔径和孔隙率，保证低的电阻和高的离子电导率，对锂离子有很好的透过性。

（3）耐电解液腐蚀，有足够的化学和电化学稳定性，这是因为电解质的溶剂为强极性的有机化合物。

（4）具有良好的电解液浸润性，并且吸液保湿能力强。

（5）力学稳定性高，包括穿刺强度、拉伸强度等，但厚度尽可能小。

（6）空间稳定性和平整性好。

（7）热稳定性和自动关断保护性能好。

（8）受热收缩率小，否则会引起短路，引发电池热失控。

4. 电解液

电解液可以分为液态电解液、固态电解液和凝胶电解液。液态电解液又可以分成有机电解液和无机电解液，当前应用非常广泛的是液态有机电解液。

电解液充溢在电池壳体内部，电池的正负极和隔膜都浸泡其中。电解液一方面提供部分活性锂离子，作为充放电过程中的导电离子；另一方面，电解液提供离子通道（或者叫载体），使得锂离子可以在其中自由移动。

电解液需要解决两个问题：热稳定性和耐高压性。

热稳定性：尽可能少地与正负极材料反应，期望具备高的化学稳定性和热稳定性，可以说，电解液与电极材料的相容性和电解液自身的热稳定性决定着整个电芯的热稳定性。

耐高压性：普通的水基电解液，电化学稳定窗口一般不高于 2V。有机电解液的最高电压值一般不高于 4.2V，超过这个值，电解液自身会发生氧化分解反应。如果要提高能量密度，采用高电芯电压，则需要具有特殊性能的电解液。具有特殊性能的电解液，一方面可以通过寻找新的电解液类型来实现；另一方面，可以通过在原有电解液的基础上进行改良，比如使用添加剂，有目的地改善电芯的某些特定性能来实现。

电解液由 3 部分组成：电解质、溶剂和添加剂。表 4-2 所示为电解液的主要成分。

电解质：电解液所使用的锂盐，即各种含锂化合物，其在溶剂中溶解后，释放出大量活跃的锂离子。常用的锂盐有 LiPF$_6$、LiBF$_4$、LiBOB、LiDFOE 等，其中 LiPF$_6$ 是目前比较成熟的商用锂盐。这些锂盐各有优缺点，实际使用过程中往往以 LiPF$_6$ 为主，适量添加其他种类为辅，以发挥其优势，复合提升电解液性能。

表 4-2　电解液的主要成分

成分	化合物	特点
电解质	LiPF$_6$	高电导率，易协同形成 SEI 膜，稳定性差，易分解
	LiBF$_4$	工作温度区间宽，抑制铝箔腐蚀，电导率低，与高电导率锂盐配合
	LiBOB	高电导率，良好的热稳定性，较好的循环特性，溶解度较低
	LiDFOE	成膜性好，低温性能好，抑制电解液氧化，售价较高
溶剂	碳酸丙烯酯	—
	碳酸乙烯酯	—
	碳酸二甲酯	—
	乙基甲基碳酸酯	—

溶剂：锂离子电池一般采用有机溶剂。锂离子电池负极的电位与锂非常接近，在水溶液体系中不够稳定，因此选用有机溶剂作为离子载体。常见的锂离子电池电解液溶剂类型包括碳酸酯类、醚类和羟基酸酯类，包含碳酸丙烯酯、碳酸乙烯酯、碳酸二甲酯、乙基甲基碳酸酯等。为了提高电解液的导电性，理论上应该选用可以给溶液提供尽可能多活性锂离子的溶剂，也就是电解质在其中的溶解度高，溶质分子的解离度也要高；溶剂介电常数高而黏度低。实际上，介电常数高的溶剂，其黏度也高，需要根据实际情况进行取舍。

添加剂：添加剂是指电解液中除了溶质以外添加的少量物质，它一般不能存储电量，加入它的目的是改善电解液性能，提升电芯稳定性等。添加剂主要包括固体电解质界面（Solid Electrolyte Interface，SEI）成膜添加剂、导电添加剂、稳定添加剂、抗过充添加剂、阻燃添加剂、高电压添加剂等。

用于锂离子电池的电解液一般应该满足以下基本要求。

（1）高的离子电导率，以减小内阻。

（2）高的热稳定性和化学稳定性，在较宽的电压范围内不发生分离，以免影响安全性。

（3）较宽的电化学窗口，在较宽的电压范围内保持电化学性能的稳定。

（4）与电池其他部分，例如电极材料、电极集流体和隔膜等，具有良好的相容性。

（5）安全、无毒、无污染性。

微课

电芯生产工艺

二、电芯生产工艺

前文讲述了锂离子电池的主要组成材料，本节从生产角度介绍锂离子电池的主要生产工艺。锂离子电池的生产工艺有多种，适用于不同规格的电池产品。一般来说，锂离子电池制造厂包含多个生产车间，例如配料车间、制片车间、焊接车间、组装车间、注液车间、化成车间等，它们在生产中负责执行不同的生产工艺。这些工艺可分为三大类，即制片工艺、装配工艺和检测工艺。图 4-6 所示为某锂离子电池工艺流程案例，包含搅拌、涂布、轧片、叠片、焊引脚、注液、化成等工艺。

图 4-6　某锂离子电池工艺流程案例

1. 制片工艺

制片工艺包含制浆、涂布、对辊、分切等，下面对其主要工艺进行介绍。

（1）制浆

制浆是将正极或负极活性物质按照一定的比例与专用的导电剂、黏结剂和溶剂混合均匀，并调制成浆。

首先对来料进行确认和烘烤，包含导电剂和黏结剂，活性物（如 LFP、NCM 等）视来料状态和工艺确定是否需要烘烤、干燥。

干燥完成后，采用湿法工艺需要提前配好聚偏二氟乙烯（PolyVinyliDene Fluoride，PVDF）胶液（溶质 PVDF，溶液 NMP）。PVDF 胶液对电池的内阻、电性能影响较大。影响打胶的因素有温度、搅拌速度。温度高则胶液配出来泛黄，影响黏结性；搅拌的速度太快容易将胶液打坏，具体的转速需要看分散盘的大小。接下来是配正极浆料。此时需要注意加料的顺序（先加入活性物和导电剂慢搅混合，再加入胶液）、加料时间、加料比例等，要严格按工艺执行。此外，需要严格控制设备公转和自转速度，搅拌的真空度、温度，等等。

浆料配完后要将浆料转出至中转罐或涂布车间，浆料转出时需要对其进行过筛，目的是过滤掉大颗粒物、沉淀和去除铁磁性等物质。大颗粒物影响涂布，最后可能导致电池自放电过大或短路；浆料铁磁性物质过高会导致电池自放电过大等。图 4-7 所示为搅拌中的浆料。

图 4-7　搅拌中的浆料

浆料的控制点为黏度、颗粒度和固含量。

工艺的控制点为搅拌速度、搅拌温度、搅拌浓度和真空度。

搅拌速度：搅拌速度越快，分散越快，但对材料自身结构和设备损伤大。

搅拌温度：温度适宜时，浆料流动性好、易分散；温度太高则浆料容易结皮；温度太低则浆料流动性降低。

搅拌浓度：搅拌浓度越低，分散越快，但浓度过稀会导致材料浪费和浆料沉淀加重。

真空度：高真空度有利于材料缝隙和表面气体排出，降低液体吸附难度，易于分散均匀。

（2）涂布

涂布是将浆料连续、均匀地涂覆在传送集流体（铜箔或铝箔）的表面并烘干，分别制成正负极片。

成功解决极片浆料涂布的关键之一是选择合适的涂布方法。有 20 多种涂布方法可以用于将液体料液涂布于支持体上，而每一种方法有许多专门的配置，因此有许多种涂布形式可供选择。

在锂离子电池实验室研究阶段，有用刮棒、刮刀或挤压等自制、简单的涂布实验装置来进行极片涂布试验，该方法只能涂布出少量样品供实验研究，效果不太理想，并存在各种各样的问题。在工业生产中需要选择高效、稳定且复杂的涂布工艺。一般选择涂布方法需要从几个方面考虑，包括涂布的层数、湿涂层的厚度、涂布液的流变特性、要求的涂布精度、涂布支持体或基材和涂布的速度等。图 4-8 所示为正在运行的涂布机，可见正极材料被均匀地涂覆在铝箔上。

图 4-8　正在运行的涂布机

正极涂布即将正极浆料挤压涂或喷涂在铝集流体正反面上，负极涂布即将负极浆料挤压涂或喷涂在铜集流体正反面上。涂辊转动带动浆料，通过调整刮刀间隙来调节浆料转移量，并利用背辊或涂辊的转动将浆料转移到基材上。按工艺要求，控制涂布层的厚度以达到质量要求，同时，通过干燥、加热除去平铺于基材上的浆料中的溶剂，使固体物质很好地黏结于基材上。

极片涂布的一般工艺流程为：放卷、接片、拉片、张力控制、自动纠偏、涂布、干燥、自动纠偏、张力控制、自动纠偏、收卷。

极片浆料在涂布装置上按预定涂布量和空白长度分段进行涂布。在双面涂布时，自动跟踪正面涂布和空白长度进行涂布。涂布后的湿极片送入干燥道进行干燥，干燥温度根据涂布速度和涂布厚度设定。干燥后的极片经张力调整和自动纠偏后进行收卷，供下一步工序进行加工。

根据工艺区别，涂布方式有斑马涂布、间隙涂布和连续涂布，如图 4-9 所示。

斑马涂布　　　　　　　　间隙涂布　　　　　　　　连续涂布

图 4-9　斑马涂布、间隙涂布和连续涂布

涂布的注意事项如下。

干燥速度：干燥速度过慢，涂层表面有流动性，厚度不稳定；干燥速度过快，表面形成黏结剂膜层，内部溶剂挥发会产生表面层起皱现象。通常采用分段干燥方式，中间段温度最高。

加热温度或时间：加热温度如果不够，难以除去浆料中的液体，使部分黏结剂溶解，造成活性物质剥落；加热温度过高，则黏结剂发生晶化，也会使活性物质剥落，从而造成电芯内短路。另外，干燥温度和烘干时间不合适还会造成铝箔氧化和极片偏湿。

工艺控制：涂布和干燥要做到"首件三检"，即厚度、质量、尺寸符合要求，并定时检验对应的拉浆速度、烘烤时间等。

极片质量控制：极片表面应平整、光滑、敷料均匀、附着力好、干燥、不脱料、不掉料、不缺料、无积尘、无划痕、无气泡等。

（3）对辊

对辊也称为辊压、碾压、轧片等，其工艺是将涂布后的极片压实，达到合适的密度和厚度。目的是使活性物质与网栅及集流体接触紧密，减小电子移动距离和极片的厚度，增加装填量，提高电池体积利用率和电池容量。对辊是锂离子电池极片常用的压实工艺，相对于其他工艺过程，对辊对极片孔洞结构的改变巨大，而且会影响导电剂的分布状态，从而影响电池的电化学性能。

正极涂布干燥完成后，需要在工艺时间内进行对辊。对辊即对极片进行压实，目前有热压和冷压两种工艺。热压工艺压实相对冷压工艺的高，反弹率较低；但冷压工艺相对热压工艺简单、易操作和控制。对辊主要涉及工艺值为：压实密度、反弹率、延伸率。同时，要注意极片表面无脆片、硬块、掉料、波浪边等现象且间隙处不允许断裂。

工业生产中，锂离子电池极片一般采用对辊机连续对辊压实，在此过程中，两面涂敷颗粒涂层的极片被送入两辊的间隙中，在轧辊线载荷作用下涂层被压实，从辊缝出来后，极片会发生弹性回弹导致厚度增加。因此，辊缝大小和轧制载荷是两个重要的参数，一般，辊缝要小于要求的极片最终厚度，或载荷作用能使涂层被压实。另外，辊压速度的大小直接决定载荷作用在极片上的保持时间，也会影响极片的回弹，最终影响极片的涂层密度和孔隙率。对辊示意及对辊机如图 4-10 所示，其中 F 为加压方向，V 为极片运动方向。

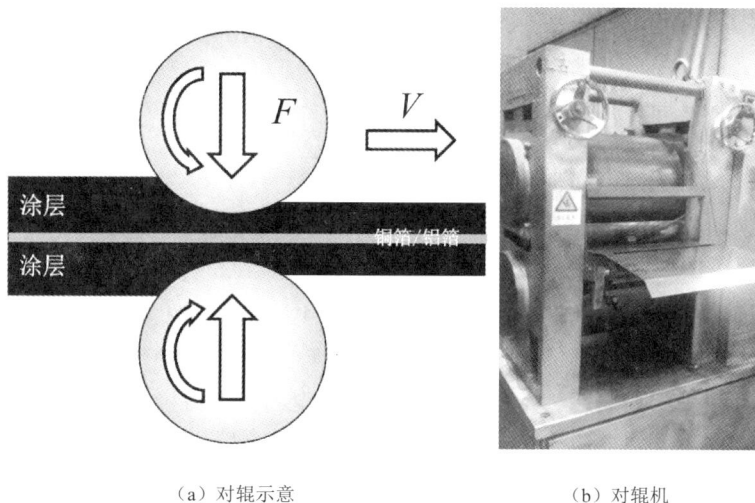

（a）对辊示意　　　　　　　　　　　（b）对辊机

图 4-10　对辊示意及对辊机

关于压实密度对电化学性能的影响，在电池极片中，以电子传导为主，而锂离子传导主要通过多孔结构中的电解液进行，电解液填充在多孔电极的孔隙中，锂离子在孔隙内通过电解液传导，锂离子的传导特性与孔隙率密切相关。孔隙率越大，相当于电解液液相体积分数越高，锂离子有效电导率越大。而电子通过活物质或碳胶等固相传导，固相体积分数、迂曲度直接决定电子有效电导率。孔隙率和固相体积分数是相互矛盾的，孔隙率大必然导致固相体积分数降低，因此，锂离子和电子的有效传导特性是相互矛盾的。

一方面，压实极片能改善电极中颗粒之间的接触，以及电极涂层和集流体之间的接触面积，降低不可逆容量损失接触内阻和交流阻抗；另一方面，压实密度太高，会导致孔隙率损失，孔隙的迂曲度增加，固相体积分数增加，或活物质颗粒表面黏结剂被挤压，限制锂盐的扩散和嵌入/脱嵌，锂离子扩散阻力增加，电池倍率性能下降。

对辊的工艺控制点为：对辊时应注意厚度符合工艺要求；压片时应注意气泡、掉料、极片变形、波浪边等。

（4）分切

锂离子电池极片经过浆料涂敷、干燥和对辊之后，形成集流体及两面涂层的三层复合结构。根据电池设计结构和规格，需要再对极片进行分切或裁切。分切工艺的功能是先将滚压后的极片卷裁成大片，然后分切成符合工艺要求的极片宽度。

一般地，对于卷绕电池，极片根据设计宽度进行分条；对于叠片电池，极片相应裁切成片。目前，锂离子电池极片裁切工艺主要有 3 种：圆盘剪分切、模具冲切和激光切割。

① 圆盘剪分切

圆盘剪分切主要使用上、下圆盘刀，将其装在分切机的刀轴上，利用滚剪原理来分切成卷的正负极片。

② 模具冲切

锂离子电池极片的模具冲切工艺又分为两种：木板刀模冲切，锋利的刀刃安装在木板上，在一定压力作用下利用刀刃切开极片，这种工艺模具简单、成本低，但是冲切品质不易控制，已逐步被淘汰；五金模具冲切，利用冲头和下刀模极小的间隙对极片进行裁切。涂层颗粒通过黏结剂连接在一起，在冲切工艺过程中，在应力作用下涂层颗粒之间发生剥离，金属箔材发生塑性应变，达到断裂强度之后产生裂纹，裂纹扩展分离。金属材料冲切件的断面分为 4 个部分：塌角、剪切带、断裂带和毛刺。断面的剪切带越宽，塌角及毛刺高度越低，冲切件的断面质量也就越高。

③ 激光切割

圆盘剪分切和模具冲切都存在刀具磨损问题，这容易引起工艺不稳定，导致极片裁切品质差，电池性能下降等问题。激光切割具有生产效率高、工艺稳定性好的特点，已经在工业上应用于锂离子电池极片的裁切。其基本原理是利用高功率密度激光束照射被切割的电池极片，使极片很快被加热至很高的温度，迅速被熔化、气化、烧蚀或达到燃点而形成孔洞，随着光束在极片上移动，孔洞连续形成宽度很窄的切缝，完成对极片的切割。其中，激光能量和切割移动速度是两个主要的工艺参数，对切割质量影响巨大。图 4-11 所示为裁切完成的负极片。

图 4-11　裁切完成的负极片

极片裁切过程中，极片裁切边缘的质量对电池性能和品质具有重要的影响，具体包括：毛刺和杂质，会造成电池内短路，引起自放电甚至热失控；尺寸精度差，则无法保证负极完全包裹正极，或者隔膜完全隔离正负极片，引起电池安全问题；材料热损伤、涂层脱落等，会造成材料失去活性，无法发挥作用；切边不平整，会引起极片充放电过程的不均匀性问题。因此，极片裁切工艺需要避免这些问题的出现，以提高工艺品质。

（5）其他

以上为制片主要工艺，实际操作中还会使用一些其他工艺，如极片干燥、极耳焊接、贴胶纸、点片、外观检查等，生产工艺需根据具体的电池类别进行设计。

2. 装配工艺

极片制备完毕后，进入装配工艺，开始电池的组装。装配工艺包含卷绕、叠片、注液等，以下对其主要工艺进行介绍。

（1）卷绕

卷绕就是将隔膜、正极片、负极片通过卷绕机卷绕成单个卷芯。其原理是用负极片包住正极片，再通过隔膜将正负极片隔离。

卷绕张力小，会影响内阻和入壳率；卷绕张力过大，则易有短路或断片风险。对齐度是指负极片、正极片和隔膜的相对位置，三者居中对齐，可避免短路。图 4-12 所示为卷绕示意。

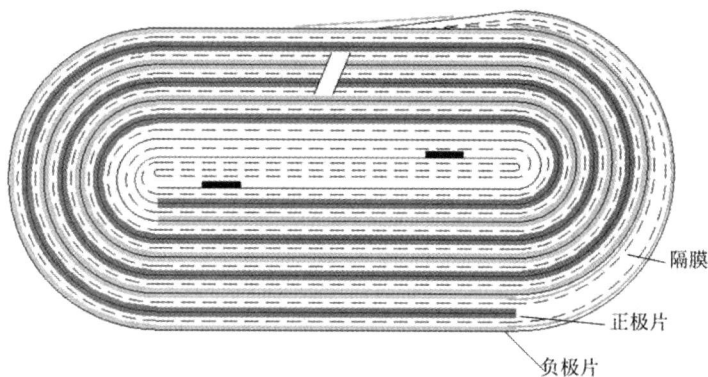

图 4-12 卷绕示意

卷绕工艺的特点如下。

① 内阻较高

由于卷绕较叠片长，通常情况下正负极片都只有单一极耳，内阻和极片长度成正比。

② 高倍率放电容量少

由于内阻较大，大倍率放电后易快速升温，离子传导效率会受限于结构，单一极耳难以大电流充分完成放电。

③ 放电平台较低

由于内阻高、极化大，一部分电压被消耗于电池内部极化，因而放电平台较低。

④ 容量密度低

极耳厚度、电芯两边为圆形、收尾的两层隔膜要占据厚度等导致内部空间没有被完全利用，能量密度较低。

⑤ 能量密度低

体积比容量较低及放电平台较低，致使能量密度不及叠片工艺电池的能量密度。

⑥ 适用范围较窄

对于较薄电池，极耳厚度占据空间比例过大，进而影响电池容量。

⑦ 适用厚度范围窄，厚度难以控制

对于较厚电池，不仅卷绕起来极片太长导致难以控制，且电池两侧空间无法得到充分利用，也会降低电池容量；并且厚度难以控制，由于电芯内部结构不均一，极耳处、隔膜收尾处、电芯的两边都是容易过厚的位置。

⑧ 电池内部结构不单一、容易变形

由于电池内部结构不单一，因此充放电时电芯内部反应程度、速率不均；较厚的卷绕电池大倍率充放电后或者循环多次后，有变形的可能，而且只能做成圆柱或方体电池。

当然，卷绕工艺也有很大的优势，卷绕的制造效率很高，产品稳定性高，因此卷绕工艺的终端产品价格相对较低，一致性也好。使用卷绕工艺的 18650 锂离子电池是适用范围最广的电池产品之一，其产能大、价格较低、稳定性强。

（2）叠片

叠片是将正极、负极切成小片与隔膜叠合成小电芯单体，然后将小电芯单体叠放并联起来组成大电芯的一种锂离子电芯制造工艺。

对消费类电池而言，相比于电池容量、性能，消费者更注重效率的提升，因此客户会对卷绕工艺有需求。但是对动力电池而言，考虑未来电芯的发展趋势，业内人士普遍认为叠片工艺可以更好地发挥大型电芯优势，其在安全性、能量密度、倍率特性、工艺控制等方面均比卷绕工艺占据优势，因此对动力电池领域而言，叠片工艺是软包电池长期发展的应用趋势毋庸置疑。同时叠片工艺可以更好控制电芯良率，更重要的是可以追求高能量密度，因此叠片工艺是未来更好的选择。图 4-13 所示为叠片工艺示意，包含正极、负极、隔膜、极耳、极片、铝塑膜等材料。

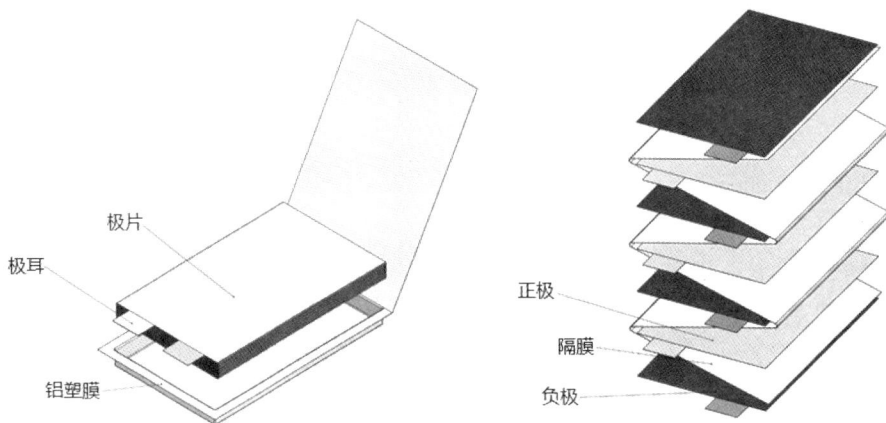

图 4-13　叠片工艺示意

叠片工艺的特点如下。

① 内阻较低

不同于卷绕工艺，叠片工艺相当于多个小极片并联，大大降低了整体内阻。

② 高倍率放电容量多

多极片并联，内阻较低，大倍率电放热较低，更容易在短时间内完成大电流放电。

③ 放电平台高

内阻较低，极化较小，因而放电平台会高于卷绕工艺电池而更接近材料的自身放电平台。

④ 比能量高

电池结构材料较轻，如使用铝塑膜作为外包件，使得电池整体质量较小，比能量高。

⑤ 能量密度高

放电平台和体积比容量都高于卷绕工艺电池的，因此能量密度也相应较高。

⑥ 适用范围较宽

无论是做成超薄电池、超厚电池还是定制电池，叠片工艺都可以胜任。

⑦ 厚度便于控制、不容易变形

电芯内部结构一致，电池各个部位厚度也相应一致，因此容易控制其厚度。同时，内部结构统一，反应速率相对一致，即使厚电芯也不容易变形。

⑧ 尺寸灵活，适用于高倍率电池、异形电池、动力电池等

可以根据电池尺寸来设计每个极片尺寸，从而使电池可以做成任意形状。

叠片工艺的优点很明显，具体如下。

锂离子工作一段时间后，正负极片均会出现一定程度的膨胀现象，卷绕的电池在拐角处，会因内外膨胀程度不同，出现波浪状变形，使得电池内部结构不稳定，严重时还可能发生断裂，引发事故。

叠片的电池，每层只会上下膨胀，内部结构依然保持平整，相比之下也更安全，在振动、挤压、浸水、针刺等安全性测试中，叠片的电池均超过国标要求。此外，叠片的电池由于各个正负极片之间互相隔绝，每个极片都要安装一个极耳，然后分别焊接在一起，形成最终的正负极。

为了减少工序，卷绕只会隔几层才安装一个极耳，极耳总数通常只有叠片的一半。然而，极耳充当电池的导线，叠片因为有更多的极耳，其横截面也就比卷绕得大，电阻跟着减小，那么电池在工作时产生的热量也会更少，更不容易膨胀。

目前电动汽车大多使用方形电池，方形电池体积较大，卷绕必然会在 4 个边角形成弧度，在方壳内产生空隙；而叠片则可以充分利用空间，尽量填满方壳，能量密度相比卷绕会高出 5%左右。

（3）注液

注液是将卷绕的电芯进行封装或入壳后，将电解液加入电芯，并将电芯完全封住的工艺。通过预留注液孔，把电解液（如六氟磷酸锂等）按照需要的量注入电池内部，分为一次注液和二次注液。

对烘烤好的电芯进行水分测试，符合烘烤标准后，才能注入电解液。将烘烤合格的电芯快速放入真空手套箱内，并进行称重，记录质量，套上注液套杯，电解液加入套杯，放入真空箱抽真空，加速电解液浸润极片。进行几次循环后，取出电芯进行称重，计算注液量是不是符合设计值，少了需要进行补液，多了需要倒掉多余部分，直到符合设计要求。手套箱对温度和湿度有着严格的控制。

（4）其他

以上为装配主要工艺，实际操作中会有一些其他工艺，如极片烘烤、冲壳、入壳、封装、抽气预封等，装配工艺应根据具体的电池类别进行设计。

3. 检测工艺

检测工艺包含电芯的激活和基本测试，控制出厂电芯质量。检测工艺在电池安全方面有重要作用，如果检测工艺控制不当，会引起严重质量问题及安全问题。如锂离子电池容易因

为短路、过充等烧毁或爆炸。在能量密度较高的应用领域，锂离子电池需进行配组，再串并联组合成为锂离子电池组，通过 BMS 进行管理。电芯的合理检测是保证电池模组一致性良好的前提，包含化成、分容、高温老化、内阻检测等。

（1）化成

通过对高温老化后的电池进行首次充电，激活电池，在电极表面形成 SEI 膜。通俗地讲，SEI 膜就是电极材料表面的一层膜，通过电解液消耗锂离子形成，能够阻挡电子和溶剂分子通过的一层薄薄的膜。

SEI 膜的形成对电极材料的性能有至关重要的影响。一方面，SEI 膜的形成消耗了部分锂离子，使得首次充放电不可逆容量增加，降低了电极材料的充放电效率；另一方面，SEI 膜具有有机溶剂不溶性，在有机电解液中能稳定存在，并且溶剂分子不能通过该层钝化膜，从而可有效防止溶剂分子的共嵌入，避免了因溶剂分子共嵌入对电极材料造成的破坏，大大提高了电极的循环性能，延长了电极的使用寿命。因此，化成对电池的性能影响尤为重要。

电池在化成时会产生气体，导致电池鼓包。其主要原因是电解液和电极表面在初次放电时形成了 SEI 膜，电解液溶剂体系发生了分解，产生烃类气体。气体的种类与电解液组成有关。

在储存阶段少数电池会出现气胀现象，其产生气体的原因可能有两种：一是电池密封性能不好，外界的水分以及空气渗入，导致气体中的 CO_2 显著增加，还会出现相当量的 O_2 和 N_2，同时水分的渗入导致 HF 产生，会破坏 SEI 膜；二是化成首次形成的 SEI 膜不稳定，在储存阶段 SEI 膜被破坏，为了修复 SEI 膜，需释放气体，主要以烃类气体为主。

（2）分容

锂离子电池分容，简单理解就是容量分选、性能筛选分级。电池分容，即对电池进行充电、放电时，通过检测分容满充时的放电容量来确定锂离子电池的容量。

锂离子电池分容时通过计算机得到每一个检测点的数据，分析出这些电池容量的大小和内阻等数据，确定锂离子电池的质量等级。锂离子电池首次分容后，需静置一段时间，一般不少于 15 天，在此期间，有些内在的质量问题就会表现出来。只有测试的容量满足或大于设计的容量，锂离子电池才是合格的，而小于设计容量的锂离子电池是不合格的。对于容量不同的锂离子电池进行分挡，综合内阻等参数进行分选，可以达到资源优化配置。

为了延长锂离子电池的循环寿命，提高稳定性、自放电性、安全性等电化学性能，必须严格控制锂离子电池的一致性或精确评定电池等级，所以对化成和分容设备的电流和电压的测量精度有很高的要求。对化成而言，电流和电压的控制精度越高，锂离子电池产品的质量越好。

电池出厂前都经过分容分检，锂离子电池以其高能量密度、高电压、高循环、高安全性、绿色环保等优良性能在电子产品等各个领域得到广泛应用。因此，保证锂离子电池产品一致性、可靠性非常重要。

（3）其他

其他检测工艺还包括高温老化、抽气封、外观全检、喷码、包装、扫描入库等。

三、动力电池模组工艺

前文讲述了电芯生产工艺，本节将介绍电池到动力电池模组的过程，主要分为圆柱电池模块工艺、软包电池模块工艺和方形电池模块工艺。

1. 圆柱电池模块工艺

在动力电池的 3 个主要类型中，圆柱电池虽然不是占有市场份额最大的，但其在消费品市场的广泛用途，使得它的商业化、标准化却是最为成熟的。其工艺经过多年的沉淀，稳定且一致性最好。三元材料的圆柱电芯，能量密度能做到 210～250(W•h)/kg。大规模标准化的电芯，使得模组也具备自动化生产的前提。

圆柱电池体积小，非常适用于空间不规则的电池包箱体，可以充分利用边角空间。

（1）模块构造

在圆柱电池模组设计中，模组结构是多种多样的，主要根据客户和车型的需求来确定，导致模组的制造工艺也不一样。圆柱电池模组一般由电芯、上下支架、汇流排（有的也称为连接片）、采样线束、绝缘板等主要部件组成，如图 4-14 所示。

图 4-14 圆柱电池模组

圆柱电池模组的结构设计，其目的是将多个圆柱电池固定在指定位置上，保证在合理振动冲击条件下不发生过大位移。电芯位置由电芯支架确定，如果遇到极端情况，电芯支架可能会变形，为了保持电芯之间的距离，一般都会单独设计耐高温、质量小的电芯间距保持件。

圆柱电池模组内部，只要使用母排按入电芯的电极，就可以实现并联，但要做到电流密度分布均匀、热场均匀。一般都尽量设计成较为对称的结构，但模组进出线位置附近与其他电芯均匀布置的位置不太一样，因此其是设计仿真的关键点。像特斯拉的并联母排设计，应该是经过热量和电流分布测算之后的结果。

（2）关键制造工艺

① 电芯分选

设计模组工艺时，需要考虑模组电性能的一致性，确保 PACK 整体性能达到或满足整车的要求。为了保证模组电性能的一致性，对电芯材料有严格的要求。电芯厂家一般在电芯出货前会按电芯的电压、内阻和容量规格进行分组，但是电芯厂家与 PACK 厂家的最终需求是不同的，考虑到制造工艺、成本、电芯性能等因素，PACK 厂家一般会按自己的标准重新对电芯进行分选。

电芯分选需要考虑分选标准的问题，标准制定得合理，会减少剩余闲置的电芯，提升生产效率，降低生产成本。在实际生产过程中，需要对电芯的外观进行检查，比如检查电芯有无绝缘膜破损、绝缘膜起翘、电芯漏液、正负极端面污渍等问题。电芯分选将对每个电芯扫码并建立档案，以便于追溯。

② 电芯入下支架

电芯入下支架是指把电芯插入下支架的电芯定位孔中。它的难点在于电芯与下支架定位孔之间的配合公差，定位孔太大，方便电芯插入，但是电芯固定不好，影响焊接效果；定位孔太小，电芯插入下支架定位孔比较困难，严重的可能导致电芯插不进去，影响生产效率。为了便于电芯插入，又能固定好电芯，可以把下支架定位孔前端设计成喇叭口。

③ 电芯极性判断

电芯极性判断属于必须的安全检查项目，若有电芯装反，在安装汇流排后会发生短路，导致产品毁坏，严重的可能导致人员受伤。

④ 安装上支架

安装上支架是指将上支架盖到电芯上，并把电芯固定在支架内。为顺利完成这一工序，要在电芯分选时控制好电芯的尺寸，使电芯尺寸保持一致，避免因电芯高度不一致而引起安装问题。安装的同时也要保证下支架固定良好，电芯无歪斜情况。安装完毕后需要清洗，去除电芯极柱端面的污物、粉尘等，为电阻焊做准备，以减少焊接的不良品。清洗完毕后，要进行电芯极柱间距检测，控制精度，便于汇流排的安装。

⑤ 汇流排安装

汇流排安装是指把汇流排安装、固定到模组上，以便进行电阻焊。设计时需要考虑汇流排与电芯的位置精度，特别是定位基准的问题，目的是使汇流排位置处于电芯极柱面的中心，便于焊接。在进行上下支架设计时，要考虑对汇流排的隔离；假如做隔离设计较难，在工序设计时需要考虑增加防短路工装的使用，可以避免在异常情况下发生短路。

⑥ 电阻焊及检测

电阻焊是指通过电阻焊的方式把汇流排与电芯极柱面熔接在一起。影响电芯焊接质量的因素有：汇流排的材质、结构和厚度；电极（也称焊针）的材质、形状、前端直径和修磨频次；工艺参数优化，如焊接电流、焊接电压、焊接时间、加压力等；焊接面的清洁度和平整度。

在电阻焊过程中，设备一般对焊接的参数都有监控，假如监测到参数异常，设备就会自动报警。由于影响焊接质量的因素很多，只通过参数监测来判断焊接失效，目前结果还不是特别理想。在实际的生产控制中，一般还会通过人工检查外观和人工挑拨汇流排的方式，再次检查和确认焊接效果。

⑦ 模组 EOL 测试

EOL 测试是生产过程中质量控制的关键环节，主要针对模组的特殊特性进行测试，主要测试项目包括绝缘耐压测试、内阻测试、电压采样测试、尺寸检测、外观检查。

2. 软包电池模块工艺

一般来说，软包单体电池能量密度在常见的 3 种锂离子电池封装形式中最高，但到了模组设计这一层，对产品整体安全性的考虑任务却最重，可以说是把一部分电芯的工作转移给了模组结构。软包动力锂离子电池包 PACK 的生产工艺比较复杂，PACK 是软包动力锂离子电池系统生产、设计应用的关键。

在动力电池领域，方形电池可以做厚、做高和做宽，从多个维度改善后使得单体电芯容量可为 200A·h 以上，然而软包电池还停留在 80A·h 左右。这种情况下软包电池就需要进行单体的并联与串联，但也增加了模组的限制。随着 PACK 工艺水平的提升，软包电池逐渐占据了高端汽车动力电池市场，如奥迪 e-tron、奔驰 EQC、保时捷 Taycan 等。

（1）模块构造

软包电池模组一般由电芯、导热胶垫、铝框架、内支架、两侧端板（或外部框架）、铜牌、铝牌等部件组成，如图 4-15 所示。

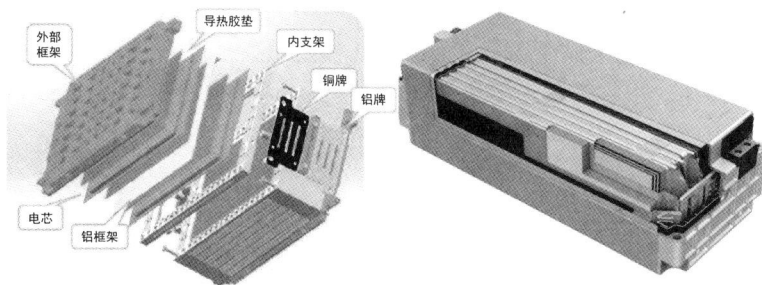

图 4-15 软包电池模组

软包电池模组结构设计的要求为：结构可靠，抗振动，抗疲劳；工艺可控，无过焊、虚焊，确保电芯 100% 无损伤；成本低廉，PACK 产线自动化成本低，包括生产设备、生产损耗；易分拆，电池组易于维护、维修；低成本，电芯可梯次利用性好；做到必要的热传递隔离，避免热失控过快蔓延。

据了解，目前行业内圆柱电池模组成组效率约为 87%，系统成组效率约为 65%；软包电池模组成组效率约为 85%，系统成组效率约为 60%；方形电池模组成组效率约为 89%，系统成组效率约为 70%。软包电池的单体能量密度比圆柱电池和方形电池有更高的提升空间，但对模组设计要求较高，安全性不易把控。

提升空间利用率是优化模组的一个重要途径。动力电池 PACK 企业可以通过改进模组和热量管理系统的设计，缩小电芯间距，提升电池箱体内空间的利用率。还可以用新材料优化模组，比如，将动力电池系统内的汇流排（并联电路中的总线，一般用铜板做成）由铜替换成铝，模组固定件由钣金材料替换成高强钢和铝，这样也能减轻动力电池质量。

（2）关键制造工艺

软包电池模组的制造工艺没有圆柱电池模组那样规模化，工厂需要针对产品定制及优化工艺，工艺较复杂，其工艺流程如图 4-16 所示，以下仅列举几个关键工艺。

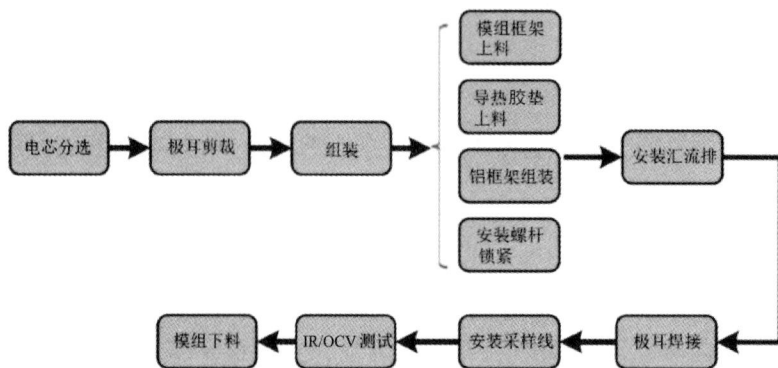

图 4-16　软包电池模组工艺流程

① 电芯分选

与圆柱电池分选类似，设计软包电池模组工艺时，需要考虑模组电性能的一致性，确保 PACK 整体性能达到或满足整车的要求。为了保证模组电性能的一致性，对电芯材料有严格的要求。可利用全自动的电芯分选设备进行电芯分选，也可由人工操作，测试每个电芯的内阻、电压等，根据出厂时的容量参数，设置参数范围进行电芯分选。

② 极耳剪裁

区别于其他电池，软包电池出厂后一般留有充足长度的极耳，以便适应不同的模组要求。因此在 PACK 前必须对电池进行极耳剪裁的预加工。有全自动的极耳剪裁设备，也可使用人工和剪裁模具进行操作。剪裁中要求精度控制、剪裁切面毛刺控制、电芯上下料过程安全控制等。

③ 组装

相较于其他单体电池，软包电池的软包结构较脆弱，其模组组装过程也较烦琐。工厂需要根据产品设计适用的组装工艺。图 4-17 所示为某产品的组装工艺（流程中的 NG 为未通过，PASS 为通过）。其中对极耳的加工及焊接是关键工艺，组装过程中还包含大量的预安装工艺。

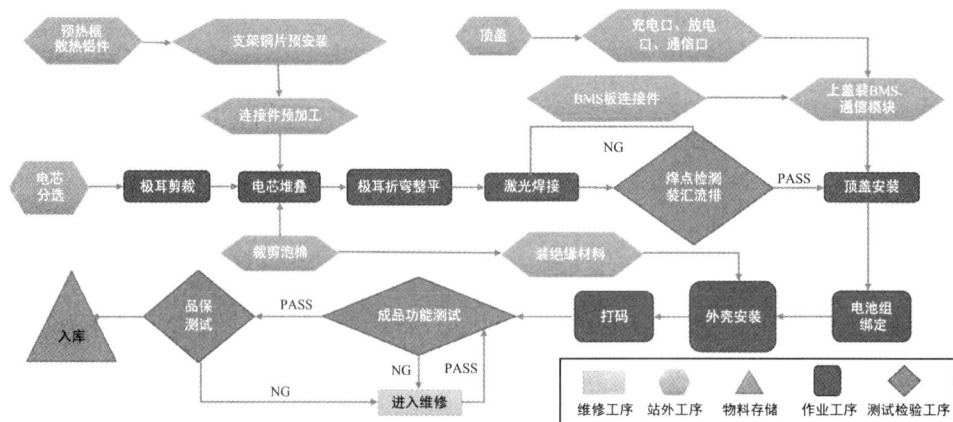

图 4-17　某产品的组装工艺

④ 极耳焊接

软包电池模组极耳焊接是模组关键工艺，可用激光焊接技术。

激光焊接是一种较新的技术，已经广泛应用。激光能够提供高强度光源，聚焦非常小的直径，迅速熔化金属。激光焊接是一种非接触焊接工艺，适用于焊接各种形状的接头和各种材料。其优点包括热影响区域小、焊接尺寸灵活变化、适合高速焊接等。

极耳焊接中往往会用到焊接夹具，其需要根据产品进行定制。极耳焊接的质量直接影响电池模组的电性能，可以取焊接完成的极耳进行拉伸实验，达到一定的拉力即合格。

⑤ 测试

测试包含绝缘电阻/开路电压（Insulation Resistance/Open Circuit Voltage，IR/OCV）测试、外观检查等。测试项目一般根据客户对产品的要求来增减，其中安全检测项目是必不可少的，测试完毕后入库。其中的 IR/OCV 测试，就是对内阻及电压的测试，可以检测模组焊接质量及连接质量等情况。

3. 方形电池模块工艺

方形锂离子电池通常指铝壳或钢壳方形电池，方形电池在国内的普及率很高，随着近年汽车动力锂离子电池的兴起，汽车续航里程与电池容量之间的矛盾日渐凸显。国内动力锂离子电池厂商多采用电池能量密度较高的铝壳方形电池，因为方形电池的结构较为简单，不像圆柱电池采用强度较高的不锈钢作为壳体及具有防爆安全阀等附件，所以其整体附件质量较轻，相对能量密度较高。方形电池采用卷绕和叠片两种不同的工艺。

方形电池的可塑性较强，可以根据搭载产品的具体需求进行定制化的设计，但也导致其大小不一。目前无论是制造工艺还是应用标准，方形电池并不像圆柱电池那样拥有清晰的标准划分。但也正因为其灵活性高，曾经长时间应用在早期的新能源汽车中，车企可以根据车型需求来对方形电池尺寸进行定制化设计，而不用受到圆柱电池标准的限制。方形电池也曾经被认为是最适合新能源汽车应用的电池设计之一。目前方形电池在很多车型上被采用，比如宝马的 i 系列车型、荣威 eRX5、蔚来 ES8 以及未来将上市的北京车和家公司的增程式 SUV。

（1）模块构造

方形电池模组一般包含结构黏结材料、导热材料、绝缘材料、绝热材料和密封材料。图 4-18 所示为方形电池模组案例，结构包含模组盖板、铝侧板、铝端板、侧板绝缘片、端板绝缘片、线束隔离板和铝片等。

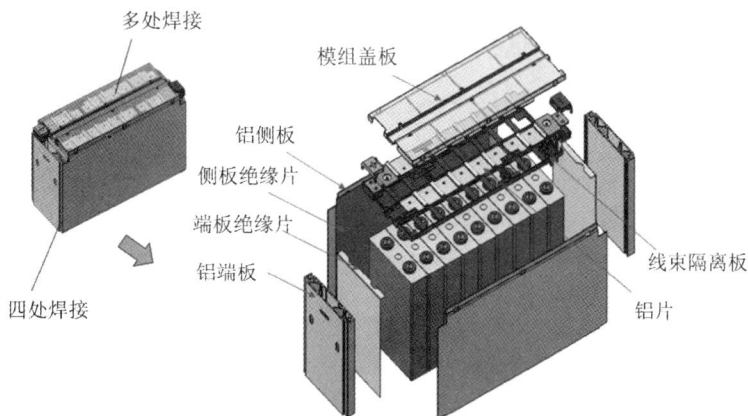

图 4-18　方形电池模组案例

　　方形电芯在模组内的固定主要有电芯之间黏结定位、侧板和端板的黏结。方形电芯本体比圆柱电芯和软包电芯略重，因此其电芯固定是模组设计中的首要任务。根据电芯的膨胀情况，需要考虑在模组内留下足够的缓冲，因此需采用较高强度的胶。这里黏结的表面为铝合金壳体与绝缘膜包覆、绝缘垫片、外框铝材。通常而言，上述不同的两基材之间的黏结强度需要达到一定要求，黏结完成以后需要耐振动，满足一定的环境特性要求，具备耐温度冲击性，而且整个胶的操作时间需要进行控制。

　　（2）关键制造工艺

　　方形电池模组的工艺流程如图 4-19 所示，其中电芯分选、预组装、激光焊接、测试等与圆柱电池模块及软包电池模块类似，而挡板上料、装塑料支架、安装电芯和安装内支架为预组装步骤，极柱定位、电芯清洗等为后续安装工艺。

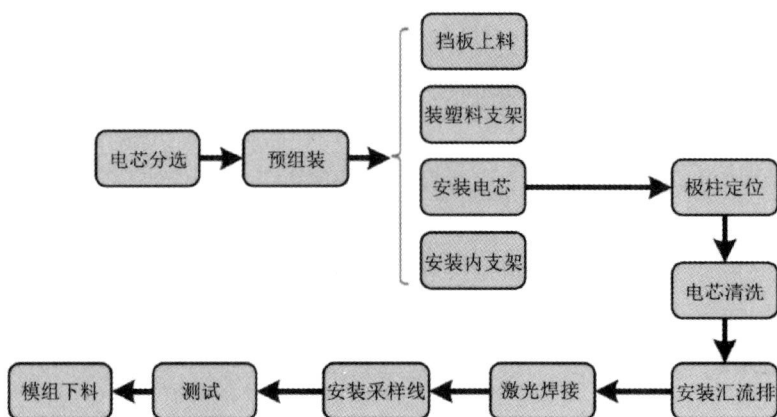

图 4-19　方形电池模组的工艺流程

　　方形电池模组外壳侧缝焊接一般有两种方式：激光焊接和即冷金属过渡焊接（Cold Metal Tranfer Welding，CMT）。激光焊接具有焊缝宽度小、热影响区小、易实现自动化等优点。其主要缺点是对焊接位置的要求很高，必须在激光束的聚焦范围内、使用高精度的夹具等。在使用激光焊接来连接模组外壳时，一般采用穿透焊，而不是搭接焊，以避免外壳与外壳搭边之间有缝隙而造成虚焊。CMT 的包容性强，对材料精度要求不高，一般在一些精度要求较低的模组工艺中使用。

知识扩展：锂离子电池二次利用

　　锂离子电池的二次利用和资源回收包含锂离子电池的回收、再利用、维修、再制造和二次利用。铅酸电池在废旧资源回收再利用技术及产业方面已经非常成熟，锂离子电池再生也已有一定成果和应用。

1. 维修与再制造

　　锂离子电池组的维修与再制造、再回收过程十分重要，实际上也是电池服务行业中核心的部分。一些大型的电动汽车生产商有很多基地进行售后服务，小型企业和小型制造商由于规模限制往往没有这种服务。良好的售后服务产业能够更好地为电池产业提供维修服务，维修再利用产生的利润也有助于企业发展。

维修和售后服务同样面临很多问题，比如企业需要保证有一定量的库存，进行更多的管理工作。例如售后服务站点需将损坏或部分失效的电池移送至电池服务与维修工厂，让电池进行有规律地充放电。

2. 二次利用

目前电池二次利用面临的问题主要是电池电芯没有标准可循，各个厂家生产不同规格的电芯，且不同模组需要不同数量的电芯，每个电芯又可能采用不同的电化学体系，这使得不同的电池模组二次利用变得非常困难。另外，电池模组在组装时大多使用焊接技术，整个模组成为一个整体，这使得在电池组内更换电芯极其困难，不能继续使用后，也难以拆解、回收。

此外，二次利用也面临电池来源和翻新价格两大问题。目前电动汽车市场占有率有限，淘汰数量更少，因而没有足够多的动力电池需要维修和再利用。很多车型的寿命还处在市场检验阶段，电池离寿命的终点可能还有很长时间，因此无法预测每年流入回收市场的电池数量。

目前市场研究较多的是锂离子电池梯次利用技术。梯次利用原本是指某一个已经使用过的产品达到原设计寿命后，通过其他方法使其功能全部或部分恢复的继续使用过程，该过程属于同级或降级的方式。而锂离子电池的回收及梯次利用就是大功率使用过的锂离子电池，分检后小功率使用，直到报废为止，从而充分发挥其剩余价值。

3. 回收再制造

锂离子电池和电池组中包含多种可回收材料，包括锂、钴、锰、镍、铜和塑料等。其中的重金属回收需要消耗大量的能源，材料回收的价值难以支付回收过程中的消耗。

回收方法有高温回收法、低温回收法、物理分离法。高温回收法中，在高温条件下，电芯溶解，各组成材料分离开，钴、镍和铜在过程中能被回收，而锂、铝、锡和锰等通过炉渣分离。低温回收法中，电芯通过深度冷冻和破碎处理后，经过一系列过滤和振荡等方法对材料进行初步分离。物理分离法中，对于单一的电池体系，可以通过手动分离，虽然效率低，但是能够使得电解液、负极材料甚至是正极材料重新进入电池价值链中。一些回收材料可以在精炼后继续在电池领域中使用，而另外一些材料可以用在其他领域。

【项目实训】

实训工单 4-1　了解锂离子电池生产所需主要材料

通过此实训工单，学生能够理解各类材料在动力电池中的作用，了解它们在国内外的发展现状。加深对电池产业链的理解，为以后提供更多的择业思路。后附实训工单 4-1。

实训工单 4-2　了解实验室用锂离子电池设备

通过此实训工单，学生能够了解扣式电池的全工艺流程，其中包含各类锂离子动力电池的相同主要工艺，学习较为简单的扣式工艺，便于理解和记忆。此外还通过对扣式设备的调研，使学生加深理解，同时引入设备概念，这也是锂电产业链中的重要环节。后附实训工单 4-2。

【项目小结】

本项目首先介绍了电芯关键材料，了解其国内外发展现状；而后介绍了电芯生产工艺，从工艺角度理解电池的性能原理；接着介绍了动力电池模组工艺，讲解了从电芯到模组的具体工艺过程；通过知识扩展可以了解锂离子电池二次利用知识。通过本项目的学习，学生可以了解电芯及模组制造的基本流程，可以更加充分地理解电池的工艺原理，理解各类电池的产品特点，形成产品制造思维，提升职业素养。实训工单 4-1 可以帮助学生理解电池材料的原理及市场情况；实训工单 4-2 利用扣式电池工艺加深学生对锂离子电池工艺的理解。

项目五
动力电池管理系统

【项目目标】

学习本项目，学生应该达到以下目标。

知识目标

（1）了解动力电池管理系统的定义。

（2）了解动力电池管理系统的结构和功能。

（3）了解动力电池热量管理系统相关参数。

（4）了解动力电池管理系统常见故障诊断和排除手段。

（5）了解动力电池管理系统的发展趋势。

能力目标

（1）能够简述动力电池管理系统的工作原理。

（2）能够简述动力电池管理系统的各项子系统及其作用。

（3）能够简述动力电池热量管理系统的具体工作情况。

（4）能够判断动力电池管理系统的常见故障并进行简单排障或者给出维修意见。

素养目标

（1）培养敬业精神和服务意识。

（2）培养判断问题并积极寻求问题解决方法的意识。

（3）培养沟通、合作及进一步学习的能力，逐步形成良好的职业心理素质。

【项目导入】

随着电动汽车车载动力电池系统的发展，且因为动力电池具有特殊的电化学特性，所以需要一套配套的监控和维护系统来保障电池或者电池组的持续稳定工作，各种类型动力电池的管控系统（即电池管理系统）应运而生。

【知识准备】

随着新能源汽车行业的迅猛发展，电池管理系统作为动力电池系统的中枢控制系统，对内监控电池组及单体电池的各种状态，进行一系列的能量管理、一致性均衡管理、电池系统热管理、充放电管理、故障诊断与告警等，并与总线建立通信；对外与整车控制单元、充电机等进行通信连接、数据交换等，以保证电动汽车的动力电池系统安全、高效地运行。它对整车具有至关重要的作用。

一、动力电池管理系统概述

电池管理系统是一种用于管控动力电池组安全、提高动力电池组使用效率的装置。对电动汽车来说，动力电池管理系统对车辆电池组的有效管控可以使车辆的续航里程得到增加，电池组使用寿命得到延长，并保证电池组的安全性与可靠性，从而降低运行成本。

作为由生产商提供给使用者的一套系统，电池管理系统是由电池电子部件和电池控制单元组成的电子装置，可以控制电池的输入和输出功率，监视电池的状态（如温度、电压、SOC等），为电池提供通信接口，使电动汽车最终达到极高的整车能源利用效率。电池管理系统是连接车载动力电池与电动汽车的重要纽带。

新能源汽车是我国七大新兴战略产业之一，国家将加大财政补贴、税收支持力度，支持新能源汽车及相关企业的发展。在这之中，电池管理系统是电动汽车产业发展的瓶颈，被《节能与新能源汽车产业发展规划（2012—2020年）》列入需要进行重点攻克的技术关键点。

1. 电池管理系统的基本结构及功能

（1）电池管理系统的组成

电动汽车动力电池管理系统的组成，按性质分为硬件和软件，按功能分为数据采集单元和控制单元。

① 电池管理系统的软件

电池管理系统的软件监测电池的电压、电流、SOC、绝缘电阻值、温度值，通过与整车控制单元（Vehicle Control Unit，VCU）、充电机的通信，来控制动力电池系统的充放电。

② 电池管理系统的硬件

电池管理系统的硬件主要由以下几部分组成：电子控制单元（Electronic Control Unit，ECU）、电池管理单元（Battery Management Unit，BMU）、均衡单元、显示单元、控制部件（如继电器、熔断装置等）及检测部件（如漏电检测、电流传感器、温度传感器等）。ECU由主控板、高压控制回路等组成；BMU由温度采集模块、电压采集模块等组成；大部分应用将均衡单元与检测部件设计在一起；显示单元由显示板、液晶屏、键盘及上位机等组成。各部分一般采用CAN总线技术实现相互间的信息通信以及与整车多能源系统的信息通信。动力电池管理系统在汽车中的应用如图5-1所示。

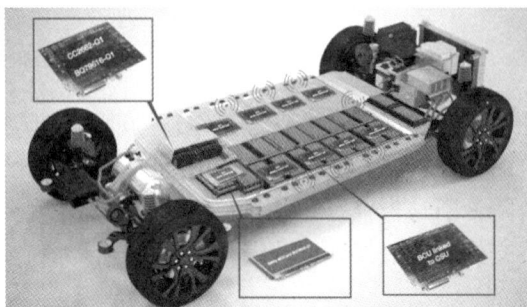

图 5-1　动力电池管理系统在汽车中的应用

（2）电池管理系统的功能

电池管理系统是电动汽车的关键组成部分，电动汽车的动力电池需要配置电池管理系统方可正常运作。实用的电池管理系统功能主要包括数据采集、电池状态估计、能量管理、热管理、安全管理、通信功能、充电管理、数据显示、人机接口和故障诊断等。电池管理系统功能按照主要分类包括以下几项。

① 电量预测与显示

在电动汽车行驶中，为了使驾驶员能实时了解汽车可行驶的极限里程数和充电所需的时间等，动力电池管理系统应能检测动力电池的剩余容量等，显示能源系统的有关信息，并对车上用电系统进行管理，以期达到对电能的合理分配和使用，最终达到节能、增加续航里程的目的。常用的电量预测方法有放电实验法、安时计量法、开路电压法、负载电压法、电化学阻抗频谱法、内阻法、线性模型法、神经网络法和卡尔曼滤波法等。

② 充电管理

在充电期间，动力电池管理系统应能连续测量电池组各个动力电池的电压、温度等参数，并能根据检测得到充电状态，调整充电参数，控制充电器，并尽量使所有动力电池的状态一致。在充电过程结束时，动力电池管理系统应能及时停止充电，均衡充电，防止任何电池过充电以及因此发生严重后果（如爆炸等）。

③ 放电管理

动力电池过度放电将导致使用寿命缩短等。因此，在放电期间，动力电池管理系统应能监控电池的放电状态，并控制动力电池组的放电过程。在每个动力电池深度放电之前，停止放电过程，避免电池的过放电，使电能达到最优利用。在放电结束时，动力电池管理系统应给出电动机控制单元的最大放电电流的参考值，使动力电池的电压保持在正常的范围内，防止过放电，延长动力电池的寿命。

④ 温度控制

动力电池的充电容量对温度特别敏感，电池组的各动力电池应有相同的工作温度。因此，温度平衡系统便成了动力电池管理系统的一部分。动力电池管理系统应能测量各动力电池的温度，并能通过加热和制冷方式控制动力电池的温度。

⑤ 电池状态测试与结果反馈

为了保持动力电池的优良性能，动力电池管理系统应实时监测电池状态；根据驱动系统性能、电池温度、使用的时间等预测和显示剩余容量；提供动力电池性能参数，存储整个过程中的数据并传给 ECU；可对获得的动力电池信息进行分析，提供电池的诊断、故障分析信息，以便于及时维护和更换电池，监测所有特性参数，为发现较差的动力电池提供信息，使早期发现容量已衰减的电池得到及时维护。对于电池不一致严重的产品，这种功能非常重要。

目前主要是根据实际情况确定具体的纯电动汽车的电池管理系统的功能和形式。对电池管理系统功能和用途的理解是随着电动汽车技术的发展而逐步丰富起来的。最早的电池管理系统仅仅能进行电池一次测量参数（电压、电流、温度等）的采集，之后发展到二次参数（SOC、内阻）的测量和预测，并能根据极端参数进行电池状态预警。现阶段电池管理系统除完成数据测量和预警功能外，还能通过数据总线直接参与车辆状态的控制。电池管理系统的主要任务及相应的传感器输入和执行控制如表 5-1 所示。

表 5-1　电池管理系统的主要任务及相应的传感器输入和执行控制

任务	传感器输入信号	执行器件
防止过充	动力电池电压、电流和温度	充电器
避免深放	动力电池电压、电流和温度	电动机控制器
温度控制	动力电池温度	热量管理系统
动力电池组件电压和温度的均衡	动力电池电压和温度	均衡装置
预测动力电池的 SOC 和剩余续航里程	动力电池电压、电流和温度	显示装置
动力电池诊断	动力电池电压、电流和温度	非在线分析装置

2. 电池管理系统的种类划分

电池管理系统与车载电极控制单元（Motor Control Unit，MCU）及 VCU 一同构成电动汽车的三大控制系统。这三大控制系统同时也是电动汽车领域的重要核心技术。按照三大控制系统的功能组合，电池管理系统可以归类为 3 种不同的构型，分别是集中式电池管理系统、半分布式电池管理系统和分布式电池管理系统。目前国内的电池管理系统产品大多是集中式电池管理系统，部分高端产品为分布式电池管理系统，极少数采用半分布式电池管理系统。

（1）集中式电池管理系统（大电池管理系统式）

集中式电池管理系统将采集单体电压的单元、电压备份单元和采集温度的单元集中在一块电池管理系统板上，由 VCU 直接控制继电器控制盒进行动作。大多数低压 HEV 都采用这种结构，EV 产品中日产 Leaf、PHEV 产品中的福特 C-MAX 也采用集中式电池管理系统。

集中式电池管理系统的优点为结构简单、成本较低，且由于采集和备份系统都在同一块电路板上，各子系统之间的通信也简化了；缺点为单体采样的线束比较长，导致采样导线设计较为复杂，长短线之间易引起额外的电压降。此外，整个电池包的线束排布较麻烦，整个电池管理系统能支持的最多通道数量有限，性能保障较差，仅适用于较小的电池包。集中式电池管理系统的逻辑结构如图 5-2 所示。

（2）分布式电池管理系统（BMU+多个 CSC 方式）

分布式电池管理系统是将电池模组的功能独立分离出来，整个系统形成了单体管理单元（Cell Site Control，CSC）、BMU、S-Box 继电器控制器和 VCU。分布式电池管理系统的逻辑结构如图 5-3 所示。

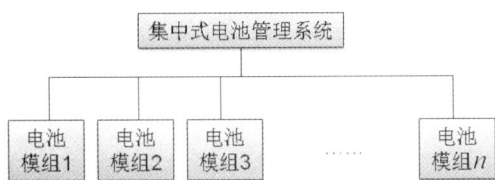

图 5-2　集中式电池管理系统的逻辑结构

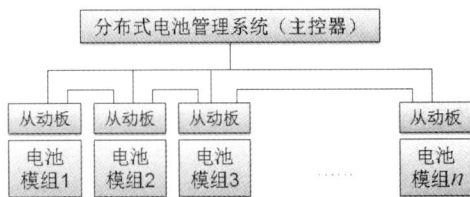

图 5-3　分布式电池管理系统的逻辑结构

（3）半分布式电池管理系统（BMU+少量大 CSC 方式）

半分布式电池管理系统采用上述两种相互妥协的模式，优劣势不明显。市面上 3 种不同电池管理系统的采用情况如表 5-2 所示。

表 5-2　3 种不同电池管理系统的采用情况

电池管理系统模式	EV	PHEV	HEV
集中式电池管理系统	Leaf、Twizy、Kangoo、Fluence ZE	C-MAX、Fusion	普锐斯、Jetta 及其他大多数车型
分布式电池管理系统	e-Golf、e-up、宝马 i3、菲亚特 500e、三菱 i-MiEV、Model S	宝马 i8、Golf	宝马 ActiveHybrid
半分布式电池管理系统	Smart ED	Volt、普锐斯	

二、动力电池管理系统基本模块

电池管理系统大致可以分为检测、管理和保护三大基本模块。具体来说就是数据采集、电量管理、均衡管理、数据通信、安全保护及热量管理等。

微课

动力电池管理系统
基本模块

1. 数据采集

电池管理系统通过采集一些数据，比如电池电压、运行电流、温度等，来判断电池是否处于健康的使用状态。

（1）单体电压检测方法

单体电池电压采集模块是动力电池管理系统中的重要一环，其性能好坏或精度高低决定了系统对电池状态信息判断的准确程度，进一步影响了后续控制策略能否有效实施。常见的单体电压检测方法有继电器阵列法、恒流源法、隔离运放采集法、压/频转换电路采集法及线性光耦合放大电路采集法。

（2）温度采集方法

电池的工作温度不仅影响电池的性能，而且直接关系到电动汽车使用的安全，因此准确采集温度参数显得尤为重要。采集温度并不难，关键是如何选择合适的温度传感器。目前使用的温度传感器有很多，如热敏电阻、热电偶、集成温度传感器等。

① 热敏电阻采集法

热敏电阻采集法的原理是利用热敏电阻的阻值随温度的变化而变化的特性，用一个定值电阻和热敏电阻串联起来构成一个分压器，从而把温度的高低转化为电压信号，再通过模数转换得到温度的数字信息。热敏电阻成本低，但线性度不好，而且制造误差一般也比较大。

② 热电偶采集法

热电偶采集法的作用原理是双金属体在不同温度下会产生不同的热电动势，通过采集这个热电动势的值就可以查表得到温度的值。由于热电动势的值仅与材料有关，因而热电偶的准确度很高。但是因为热电动势都是毫伏等级的信号，所以需要放大，外部电路比较复杂。一般来说金属的熔点都比较高，因此热电偶一般用于高温的测量。

③ 集成温度传感器采集法

由于温度的测量在日常生产生活中用得越来越多，半导体生产商推出了很多集成温度传感器。这些温度传感器虽然很多都是基于热敏电阻式的，但都在生产的过程中进行了校正，因此精度可以媲美热电偶，而且直接输出数字量，很适合在数字系统中使用。

（3）电流采集方法

电流的采样是估计电池 SOC 的主要依据，因此对其采样的精度、抗干扰能力、零飘、温飘和线性度误差的要求都很高。目前常用的电流传感器为 LT308（LEM），该电流传感器是基于霍尔原理的闭环（补偿）电流传感器，具有高精度、良好的线性度和最佳的反应时间，同时具有很好的抗干扰能力。其原边的额定电流为 300A，满足系统设计的要求；副边的额定电流为 150mA，其转换率为 1:2 000。供电电源为 ±12V 或 ±15V。

常用的电流检测器件有分流器、互感器、霍尔元件电流传感器和光纤传感器 4 种，各种电流检测方式的特点如表 5-3 所示。

表 5-3　各种电流检测方式的特点

项目	分流器	互感器	霍尔元件电流传感器	光纤传感器
插入损耗	有	无	无	无
布置形式	需插入主电路	开孔、导线传入	开孔、导线传入	—
测量对象	直流、交流、脉冲	交流	直流、交流、脉冲	直流、交流
电气隔离	无隔离	隔离	隔离	隔离
使用方便性	小信号放大，需隔离处理	使用较简单	使用简单	—
使用场合	小电流，控制测量	交流测量、电网监控	控制测量	高压测量，电力系统常用
价格	较低	低	较高	高
普及程度	普及	普及	较普及	未普及

其中，光纤传感器昂贵的价格影响了其在控制领域的应用；分流器成本低，但使用麻烦，必须接入电流回路；互感器只能用于交流测量；霍尔元件电流传感器性能好、使用方便。目前在电动汽车动力电池管理系统电流采集与检测方面应用较多的是分流器和霍尔元件电流传感器。

（4）烟雾采集方法

在车辆行驶过程中，路况复杂及电池本身的工艺问题，以及过热、挤压和碰撞等，导致电池出现冒烟或着火等极端恶劣的事故，若不能及时发现并得到有效处理，势必造成事故影响范围的进一步扩大，对周围电池、车辆及车上人员构成威胁，严重影响车辆运行的安全性。为防患于未然，近年来烟雾检测被引入电池管理系统的检测中，并越来越受到重视。

烟雾传感器种类繁多，根据检测原理可以分为以下三大类。

① 利用物理、化学性质的烟雾传感器，如半导体烟雾传感器、接触燃烧烟雾传感器等。

② 利用物理性质的烟雾传感器，如热导烟雾传感器、光干涉烟雾传感器、红外传感器等。

③ 利用电化学性质的烟雾传感器，如电流型烟雾传感器、电势型气体传感器等。

由于烟雾的种类繁多，一种类型的烟雾传感器不可能检测所有的烟雾，通常只能检测某一种或两种特定性质的烟雾。例如，氧化物半导体烟雾传感器主要检测各种还原性烟雾，包含 CO、H_2、$CHOH$、CH_2OH 等气体；固体电解质烟雾传感器主要用于检测无机烟雾，包含 O_2、CO_2、H_2、Cl_2、SO_2 等气体。当在动力电池上应用时，需要在了解电池燃烧产生的烟雾构成的基础上进行传感器的选择。一般电池燃烧会产生大量的 CO 和 CO_2 同时伴随大量烟雾，因此可以选择对这两种气体敏感的传感器。在传感器的结构上需要适应车辆长期应用的振动工况，防止因路面灰尘、振动引起的传感器误动作。

2. 电量管理

（1）充放电电流

相对于额定充放电工况，动力电池一般表现为大电流可充放电容量低于额定容量，小电流可充放电容量大于额定容量。

（2）温度

不同温度下电池组的容量存在一定的变化，温度段的选择及校正因素直接影响电池性能和可用电量。

（3）电池容量衰减

电池容量在循环过程中会逐渐减小，因此电量的校正条件需要不断地改变，这也是影响模型精度的一个重要因素。

（4）自放电

电池内部的化学反应，产生自放电现象，使其在放置时发生电量损失。自放电大小主要与环境温度成正比，需要按实验数据进行修正。

（5）一致性

电池组的建模和容量估算与单体电池有一定的区别，电池组的一致性差别对电量的估算有重要的影响。电池组的电量估算是按照总体电池的电压来估算和校正的，电池差异较大将导致估算的精度误差很大。电动汽车仪表盘电量信息如图5-4所示。

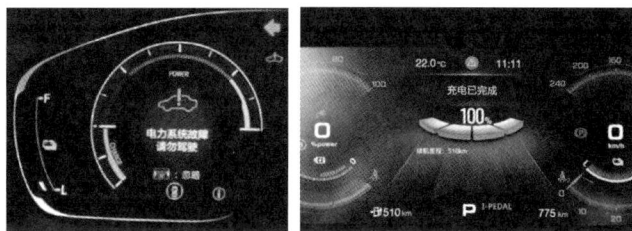

（a）电量不足　　　　　　　　　（b）电量充满

图 5-4　电动汽车仪表盘电量信息

3. 均衡管理

电池管理系统均衡管理的目标在于"削峰填谷"。即在充电、放电或静置过程中，通过外加电路对电池充放电电流进行调节，使应用过程中电池的电压有较好的一致性，提高续航里程和延长电池组的使用寿命。

车用动力电池管理系统由多个单体电池串联组成，以满足所需电压和功率要求。在实际使用中，由于单体电池之间的差异，电池组的容量只能达到最小的电池容量。在串联电池组中，虽然通过单体电池的电流相同，但是由于其容量不同，电池的放电深度也会不同，容量大的总会欠充欠放，而容量小的总会过充过放，这就造成容量大的衰减缓慢、寿命长，容量小的衰减加快、寿命缩短，两者之间的差异会越来越大。最终，小容量电池的失效会导致电池组提前失效。如果电池组寿命低于单体平均寿命的一半以下，可以推断是技术使用不当造成的，首要原因即过充和过放导致单体电池提前失效。动力电池均衡管理如图 5-5 所示。

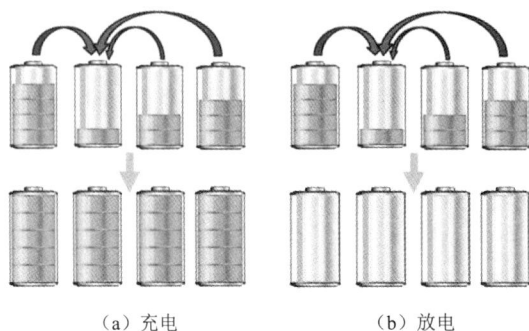

（a）充电　　　　　　　　　　（b）放电

图 5-5　动力电池均衡管理

通常把单体电池的性能差异导致的电池组性能降低的现象称为电池匹配失衡。大多数情况下，引起匹配失衡的原因是电池的制作工艺和检测手段的不完善，而不是电池本身的化学属性变化。即使在生产出电池后进行分类再进行组合，也会出现电池匹配失衡的现象。比如各单体电池的自放电量不同导致电池组在搁置过程中的容量失衡，单体电池之间电阻不同导致个别单体在电池组充电过程中过充等。为了平衡电池组中单体电池的容量和能量差异，提高电池组的能量利用率，在电池组的充放电过程中需要均衡管理。

4.　数据通信

数据通信是电池管理系统的重要组成部分之一，主要涉及电池管理系统内部主控板与检测板之间的通信，电池管理系统与车载主控制器、非车载充电机等设备之间的通信等。在有参数设定功能的电池管理系统上，存在电池管理系统主控板与上位机的通信。CAN 通信方式是现阶段电池管理系统通信应用的主流，国内外大量产业化新能源汽车电池管理系统以及国内外关于电池管理系统数据通信标准中均提倡采用该通信方式。CAN 通信分为 CAN1 和 CAN2 两路，CAN1 主要与车载主控制器通信，完成整车所需电池相关数据的传输；CAN2 主要与车载仪表、非车载充电机通信，实现电池数据的共享，并为充电控制提供数据依据。电池管理系统可实现单体电池电压检测、电池温度检测、电池组工作电流检测、绝缘电阻检测、冷却风机控制、充放电次数记录、电磁和 SOC 的估测等功能。其中，RS-232 总线主要实现主控板与上位机或手持设备的通信，完成主控板、检测板上各种参数的设定；RS-485 总线主要实现主控板与检测板之间的通信，完成主控板电池数据、检测板参数的传输。汽车内电池管理数据通信如图 5-6 所示。

图 5-6　汽车内电池管理数据通信

5. 安全保护

安全保护作为整个电池管理系统最重要的功能之一，是基于前面 4 个功能而进行的。它主要包括过电流保护、过充过放保护、过温保护和绝缘监测。

（1）过电流保护

由于电池都具备一定的内阻，电池在工作时电流过大会造成电池内部发热，热量积累增加造成电池温度上升，从而导致电池的热稳定性下降。对锂离子电池来说，正负极材料的脱嵌锂离子能力是一定的，当充放电电流过大使得离子脱嵌速率不够时，将导致电池的极化电压增大，导致电池的实际容量减少，从而影响电池使用寿命，严重时会影响电池的安全性。电池管理系统会判断电流值是否超过安全范围，一旦超过则会采取相应的安全保护措施。

（2）过充过放保护

在充电过程中，充电电压超过电池充电截止电压时，正极晶格结构将会被破坏，导致电池容量变小，并且电压过高时会加大因正负极短路而发生爆炸的隐患。过充电是被严格禁止的。电池管理系统会检测系统中单体电池的电压，当电压超过充电截止电压时，电池管理系统会断开充电回路从而保护电池系统。

在放电过程中，放电电压低于电池放电截止电压时，电池负极上的金属集流体将被溶解，给电池造成不可逆的损害。给过度放电的电池充电时会有内部短路或者漏液的可能。当电压超过放电截止电压时，电池管理系统会断开放电回路从而保护电池系统。

（3）过温保护

对于过温保护，需要结合前文的热管理功能进行。电池活性在不同温度下有所不同。长时间处在高温环境下，电池材料的结构稳定性会变差，电池使用寿命缩短。低温下电池活性受限会造成可用容量减少，尤其是充电容量将变得很小，同时可能产生安全隐患。电池管理系统能够在电池温度超过高温限制值或是低于低温限制值时，禁止进行充放电。电动汽车动力电池管理系统保护元器件如图 5-7 所示。

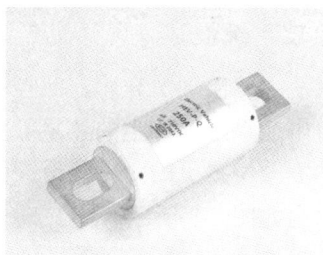

（a）热敏电阻　　　　　　　　　　　（b）熔断丝

图 5-7　电动汽车动力电池管理系统保护元器件

（4）绝缘监测

绝缘监测也是保证电池系统安全的重要功能之一。电池系统电压通常有几百伏，一旦出现漏电将会对人员造成危险，因此绝缘监测就显得相当重要。电池管理系统会实时监测总正极和总负极对车身搭铁的绝缘阻值，如果出现绝缘阻值不在安全范围内，则会上报故障并断开高压电。

6. 热量管理

过高或者过低的温度都将直接影响动力电池的使用寿命和性能，有可能导致电池系统的安全异常，电池箱内温度场的长久不均匀分布将导致各电池模块、单体间存在性能差异，因此电池热量管理系统对电动汽车动力电池管理系统而言是必需的。接下来我们将详细介绍动力电池热量管理系统。

三、动力电池热量管理系统

动力电池作为电动汽车的主要储能形式，其性能的发挥直接影响电动汽车的动力性、经济性和安全性。相比其他类型的电池，锂离子动力电池在能量密度、功率密度和使用寿命等方面具有较大优势，使其成为目前车用动力电池的主流，但其性能、寿命和安全性均与温度密切相关。正如许多研究指出，温度是电池设计和运行时必须考虑的最重要因素之一。锂离子电池可安全工作的温度范围为-10～50℃，最佳工作温度为25℃，且最大工作温差不应高于5℃。在温度高于50℃环境下进行充放电循环会损伤电池内部结构、降低电池性能、缩短电池使用寿命等。温度过高，会加快电池副反应的进行和性能的衰减，甚至引发安全事故；温度过低，电池释放的功率和容量会显著降低，甚至引起电池容量不可逆衰减。有研究称，电池的工作温度范围为 30~40℃时，每升高 1℃，电池的寿命就会缩短大约两个月。

而在电动汽车尤其是混合动力汽车运行的过程中，动力电池的充放电一直在持续进行。由此在电池内部会积累大量热能，使得电池的温度上升。此时，动力电池的日常存储环境为汽车内部，其存储温度随周围环境温度变化而变化，使得电池经历的环境温度从低温到高温跨度巨大。因此，进行电池热量管理系统（Battery Thermal Management System，BTMS）的研究就显得十分必要。

1. 电池热量管理系统概述

电池热量管理系统主要由导热介质、测控单元及温控设备构成。导热介质与电池组接触后通过介质的流动将电池系统内产生的热量散至外界环境中。测控单元则通过测量电池系统及电池模组甚至单体不同位置上的实时温度来控制温控设备进行对应的热处理。电动汽车电池热量管理系统的应用如图 5-8 所示。

图 5-8 电动汽车电池热量管理系统的应用

电池热量管理系统通过测温元件获取不同位置电池单元的温度。据此，电池热量管理系统控制电路要进行散热执行器如风扇、水/油泵的动作决策。目前，常见的动力电池组的温度传感器多贴附在电池箱体的内部或单体电池的外表面。如在 2010 年第三代普锐斯电池组中，部分温度传感器布置在电池组内部的流道中，另一部分直接贴附在某些典型位置单体的上表面正中，这些单体分别位于电池组的前部、中部与后部。电池热量管理系统通常根据电池所处的温度区域进行分级管理。动力电池热量管理分为主动散热、被动散热和不冷却 3 种模式。当动力电池温度超过某预先设定的被动冷却目标温度后，被动散热模式启动；当温度继续升高至主动冷却目标温度以上时，主动散热模式启动。然而，这仍属于一种粗放式的控制策略，导致电池具有一个较大范围的安全裕度，降低了电池的效率。

根据热管理的不同应用场合和功能，动力电池热量管理系统一般分为冷却、加热及保温等系统。

2. 冷却系统

如前文所述，电池发热会随使用条件而变，同时规定了使用温度范围。图 5-9 所示为电池使用过程中容量下降率和电池温度的关系。在高温下，单体电池容量因为内部化学物质变化等显著下降，所以要规定电池的上限使用温度。因此，为避免电池温度超过上限使用温度，大多汽车配备电池冷却系统。

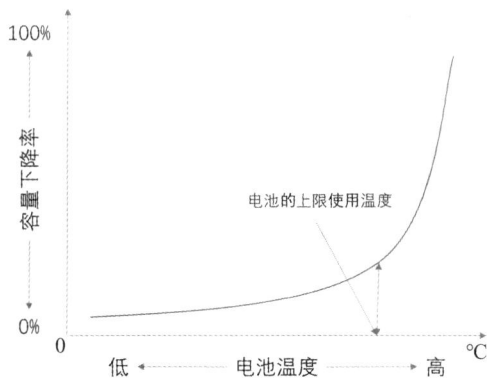

图 5-9　电池使用过程中容量下降率和电池温度的关系

目前，使用比较多的是空气冷却式，由车辆空调冷却的空气经由冷却导管导入，送至电池组内。冷却风主要穿梭、流动于设置在各电池模块间的通风通道，从后方的出风口流出，从而将电池组产生的热量从外表面散出。此外，在电池组的单体电池间设置通风通道，可起到更有效的冷却作用。

由于单一冷却方式有其固有缺点和局限性，将多种冷却方式复合可以更好地利用不同冷却方式的优点，并最大限度地减少单一冷却方式的缺点与不足所带来的不利影响。

除此之外，还有液体冷却、相变材料（Phase Change Material，PCM）冷却、热管冷却等多种冷却方式。动力电池冷却系统的应用如图 5-10 所示。

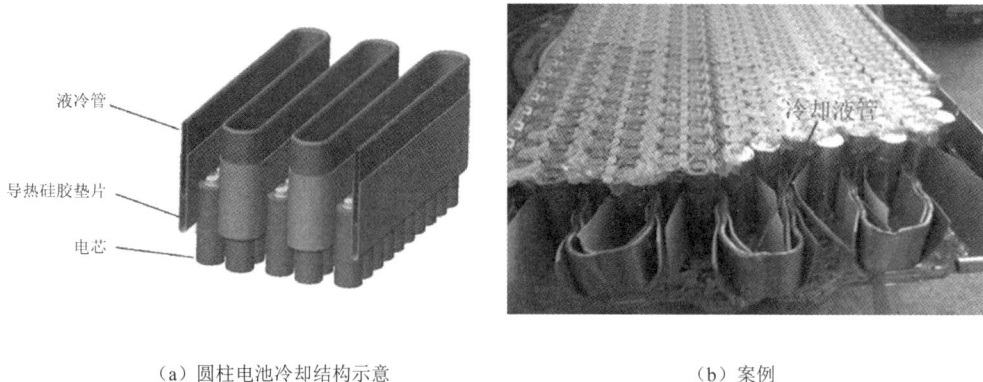

（a）圆柱电池冷却结构示意　　　　　　　　　　（b）案例

图 5-10　动力电池冷却系统的应用

3. 加热系统

动力电池加热系统主要包括内部加热系统和外部加热系统，由于内部加热系统主要依靠电池本身的充放电产生的欧姆热和反应热对电池进行加热，因此，目前国内外研究者主要研究外部加热系统。外部加热系统主要包括热风加热、液体加热、正温度系数（Positive Temperature Coefficient，PTC）热敏电阻加热、电加热膜加热等，其中液体加热和 PTC 热敏电阻加热应用十分广泛，金属丝加热膜加热和石墨烯加热膜加热也逐渐得到大量应用。常见的加热元件如图 5-11 所示。

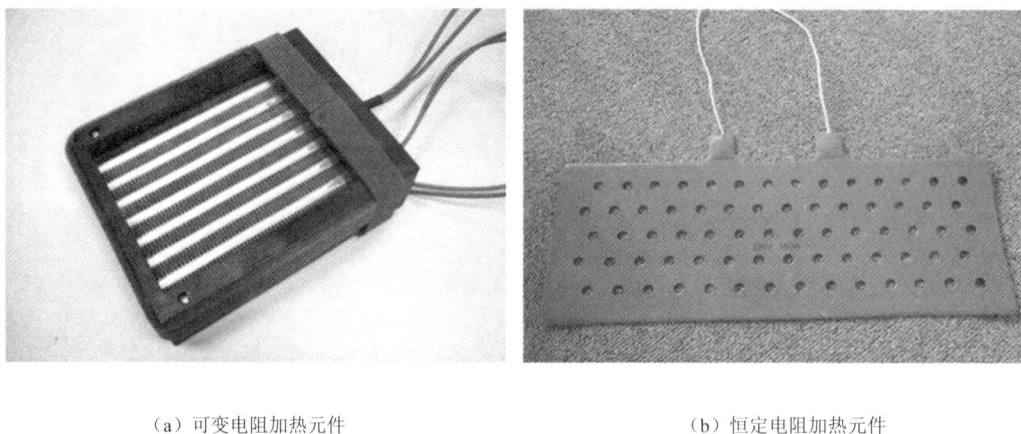

（a）可变电阻加热元件　　　　　　　　　　　　（b）恒定电阻加热元件

图 5-11　常见的加热元件

4. 保温系统

保温系统与加热系统的功能有些类似，但是严格地讲又有区别。保温系统更多的情况下是为了保持短期内电池系统内部温度热环境在正常区间内。例如，在冬天低温下，电动汽车临时停车 2h 后再工作，那么在这 2h 内，必须使用保温系统，以防止电池系统内部温度下降过快。保温系统设计通常采用保温材料或者保温漆等，它们可起到隔绝的作用，防止电池系统内部温度过快地散发。

四、动力电池管理系统故障诊断

作为电动汽车的主要部件之一，动力电池的性能直接影响整车安全和车辆可靠性。在动力电池管理系统中，从故障发生的部位看，主要有传感器故障、执行器故障和部件故障等。电动汽车一旦发生这些故障，轻则造成系统性能下降，重则引发重大事故，从而给人们带来精神伤害和财产损失。因此，动力电池管理系统故障诊断及处理尤为重要。

动力电池管理系统的常见故障主要有单体电池故障、电池管理系统故障、线路或连接件故障等。

1. 单体电池故障

（1）整体电池性能正常，不需更换

这种情况常见的故障现象是单体电池 SOC 值偏低或单体电池 SOC 值偏高。

① 如果单体电池 SOC 值偏低，则在汽车行驶过程中，该电池电压最先达到放电截止电压，使电池组实际容量降低，应对该单体电池进行充电。

② 如果单体电池 SOC 值偏高，则该电池在充电末期最先达到充电截止电压，影响充电容量，应对该单体电池进行单独补充放电。

（2）整体电池性能衰退严重，应及时更换

这种情况常见的故障现象是单体电池容量不足和单体电池内阻偏大。在电池组中，最小的单体电池容量限制整个电池组的容量，因此发生单体电池容量不足故障会影响车辆续航里程。

锂离子电池内阻如果过大，会严重影响电池的电化学性能，如充放电过程中的活性物质利用率低、循环性能差等。

（3）电池损坏，应立即更换

这种情况常见的故障现象是单体电池内部短路、单体电池外部短路或单体电池极性装反。在强振动下，电池的某些部件容易折断或脱落，容易引发单体电池内部短路或外部短路故障。

一般情况下，造成单体电池内部短路或外部短路故障的原因有两个：一是动力电池成组时单体电池一致性问题，即单体电池的 SOC 值、容量、内阻本身就有差异；二是单体电池在成组应用过程中，环境差异（如温度、充放电电流等）导致单体电池一致性差异增加，加剧单体电池的不一致性。单体电池损坏案例（被腐蚀的圆柱电池）如图 5-12 所示。

图 5-12　单体电池损坏案例（被腐蚀的圆柱电池）

2. 电池管理系统故障

电动汽车上安装了电池管理系统，对单体电压、总电压、总电流和温度等进行实时监控采样，并将实时参数反馈给 VCU。电池管理系统除了可以对电池性能参数进行监控、实施电性能管理外，还具备以热管理为主的应用环境管理功能，实施对电池的加热和冷却，保证电池的良好应用环境温度及温度场的一致性。如果电池管理系统发生故障，就失去了对电池的监控，无法估计电池的 SOC 值，容易导致电池的过充、过放、过热及不一致等问题，影响电池的性能、寿命及行车安全等。

电池管理系统故障包括 CAN 通信故障、总电压测量故障、单体电压测量故障、温度测量故障、电流测量故障、继电器故障、加热器故障和冷却系统故障等。

3. 线路或连接件故障

正确诊断与排除线路或连接件故障，对于车辆的可靠性和保证行车安全非常重要。车辆的振动可能使电池间的连接螺栓出现松动，使电池间接触电阻增大，发生电池间虚接故障，导致电池组内部能量损耗增加，造成车辆动力不足和续航里程短的问题。在个别极端情况下，还将导致高温，产生电弧，熔化电池电极和连接片，甚至造成电池着火等极端电池安全故障。

在电动汽车运行过程中，单体电池之间可能出现相对跳动，造成两电池间的连接片折断的问题。电池箱和电动汽车的电气连接是故障的高发点，电插接器在经历长时间振动后容易虚接，出现易烧蚀、接触不良等故障。动力电池管理系统常见故障及处理方法如表 5-4 所示。

表 5-4 动力电池管理系统常见故障及处理方法

模块	故障现象	故障后果	处理方法
单体电池	单体电池SOC值偏低	电池组容量降低，电动汽车续航里程短	对单体电池单独充电
	单体电池SOC值偏高		对单体电池单独放电
	单体电池容量不足	电池组充电不足、使用寿命缩短、电动汽车续航里程短	更换单体电池
	单体电池内阻偏大	电池组充电不足、使用寿命缩短、电动汽车动力不足、续航里程短	
	单体电池过充电	电池内部短路、电池热失控，严重时会起火、爆炸	检查电池管理系统
	单体电池过放电		
	单体电池内部短路	电池热失控，严重时会起火、爆炸	更换单体电池
	单体电池外部短路		排除短路故障，更换单体电池
	单体电池极性装反		更换单体电池
电池管理系统	CAN 通信故障	无法监控电动汽车	检查 CAN
	总电压测量故障	无法监控总电压	检查总电压测量模块
	单体电压测量故障	无法监控单体电压	检查单体电压测量模块
	温度测量故障	无法监控电池温度	检查温度测量模块
	电流测量故障	无法监控电池电流	检查电流测量模块
	冷却系统故障	电池温度偏高	检查冷却风扇控制电路

续表

模块	故障现象	故障后果	处理方法
线路	电池间虚接	电动汽车动力不足、续航里程短	紧固电池连接
	电池间短路		检查电池连接
	快速熔断器断开	动力电池无法启动	检查快速熔断器
	动力电插接器断开		检查动力电插接器
	动力电插接器虚接	接插器易烧蚀，动力电池动力不足	
	信号电插接器故障	无法监控电动汽车	检查信号电插接器
	正极接触器故障	电动汽车无法启动	检查接触线
	负极接触器故障		
	电源线短路	电池热失控，严重时会起火、爆炸	检查电源线

知识扩展：动力电池管理系统发展现状和趋势

动力电池管理系统的发展在国内外都受到了广泛关注，各主要国际标准化组织及汽车工业发达国家都将电动汽车研发及其动力电池标准制定作为工作的重点之一，相继发布了一系列标准。虽然动力电池各项标准的测试项目和方法各不相同、各有特点，但越来越多的标准关注的侧重点开始由单体电池和模块逐渐转向电池整体系统，在关注基本性能的同时更关注安全可靠性测试，且测试项目和测试方法也在不断地完善，使得标准更符合电动汽车的实际使用特点。

1. 电池管理系统发展现状和趋势

（1）国内现状

惠州市亿能电子有限公司成立于 2006 年，致力于电动汽车和储能电站等中大型电源电池管理系统的研发、生产和销售服务。该公司研制的电池管理系统产品在北京奥运会、上海世博会、广州亚运会等大型国际活动中得到应用。其是国内供货数量最多的电池管理系统供应商之一。

长安汽年是国内较早自主开发混合动力汽车的企业，为自主开发的混合动力汽车配套电池管理系统，对电池管理系统进行开发的时间超过 16 年。

哈尔滨冠拓电源设备有限公司成立于 2002 年，在锂离子电池特性、锂离子电池充放电技术、锂动力电池组管理技术、电动汽车能源系统方面有应用经验。2011 年其为山东沂星电动汽车有限公司、武汉宇通顺捷客车实业有限公司等提供电池管理系统。

安徽力高新能源技术有限公司研发团队源于中国科学技术大学，其生产的产品在电动汽车和备用电源等方面得到相关应用，2011 年为山东沂星纯电动大巴、武汉宇通顺捷客车实业有限公司、深圳市五洲龙汽车股份有限公司等提供配套系统。2022 年上半年我国 BMS 装机量企业占比如图 5-13 所示。

（2）国外发展情况

国外电池管理系统发展主要有以下几种方式。

① 整车集成方式，其中以丰田汽车公司和松下电器成立的合资公司为代表，为整车提供

电池及电池管理系统，依据特定车型开发专用的电池管理系统，后续松下将为通用和日产等提供电池及电池管理系统。

② 动力平台集成方式，以伊顿公司和美国电力转换公司（APC）等为代表，将电池及电池管理系统、电机控制器、充电机及 DC/DC 整体打包提供给主机厂。

③ 电池生产企业集成方式，以 A123 公司等为代表，为自己的电池产品提供相应的电池管理系统。

④ 汽车电子专业供应商方式，以博世集团、德尔福集团等为代表，是传统汽车 ECU 的主要供应商，以其在汽车电子产品的开发经验进行拓展，进行电池管理系统的开发。

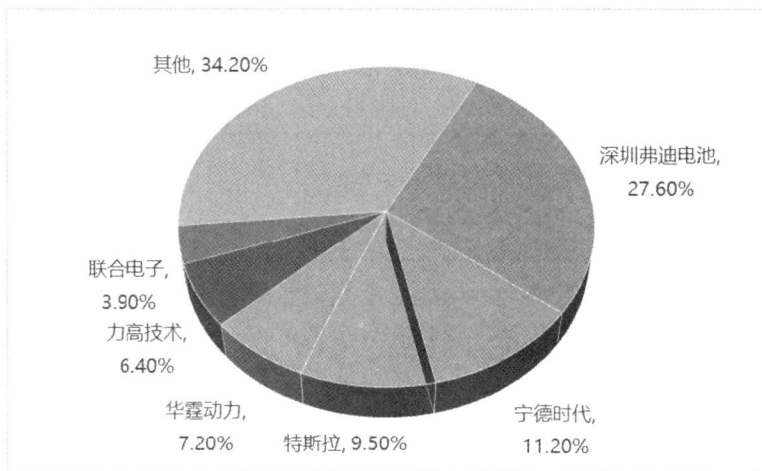

图 5-13   2022 年上半年我国 BMS 装机量企业占比

（3）技术发展

早期电池管理系统的功能较单一，随着技术的发展，近年来新型智能电池管理系统逐步得到发展。从最初的独立监控到与整车和充电设备进行数据交互管理，再到整车系统的优化匹配和规范开发流程，电池管理系统的内部和外部关联都得到了大幅度的拓展，其中的关键技术发展主要体现在以下几个方面。

① 集成检测芯片的推出

随着电池管理系统在乘用车市场的推广应用，电池管理系统通过集成化降低成本和减小体积是必然选择。Linear、TI、Maxim 等集成芯片企业均推出了相应的电池管理系统模拟前端集成检测芯片，如 LTC680x、BQ76PL536、MAX11068 等，与离散器件方案相比，他们在检测速度和精度上更具优势，但在稳定性、正反向耐压、级联可靠性等方面的性能尚待进一步验证和提高。

② 电池状态的估算

电池状态的估算从 SOC 拓展到能量状态（State of Energy，SOE）、功能状态（State of Function，SOF）和健康状态（State of Health，SOH），以能量、最大允许充放电功率/电流和电池的健康状态等多个指标对电池的性能进行估算和评价，实现对电池状态更加准确地评估。

③ 电池系统热管理

随着电动汽车应用区域的拓展，在北方地区冬季低温条件下，车辆续航里程短、充电困难等问题较为突出，因此电池配置加热系统成为重要研究内容。北汽、长安、江淮及福田等电动汽车均搭载了加热系统，方案包括加热片、空调风、保温系统等多种加热方式，电池管理系统的热管理方案得到进一步的尝试和验证。

④　电池均衡

随着运营数量的增加，电池均衡成为电动汽车推广的阻碍。定期的维护工作量大、人员投入多等问题逐渐凸显，搭载均衡功能的电池管理系统成为客户的标准配置。均衡系统电流从数十毫安到数安；均衡方式有被动式、主动式和主被动式；基于电池电压、容量和能量的一致性评价和均衡目标也相继推出。只有电池管理系统的热量管理系统合理设计、电池系统一致性合理评价方法及电动汽车均衡电流的实际需求等得到系统解决，才能真正实现均衡系统的合理性和高效性。

⑤　电池安全管理

电池安全一直是电池系统十分基本和重要的要求。电池管理系统通过对电池过充电、过放电、过高/低温及过电流等进行判断、报警及实施功率控制外，还将电池管理系统高压互锁、绝缘检测等纳入管理。此外，适用于汽车的温度传感器、碰撞传感器等逐步纳入前期探索性研究。

（4）未来趋势

电池管理系统发展至今，已经从监控系统逐渐向管理系统转变，生产的车载电池管理系统已广泛应用于混合动力汽车、电动汽车。电池管理系统的发展趋势特点如下。

①　集成化

由于电池管理系统部分检测功能需求逐渐成熟，为了减小电池管理系统体积、降低成本，提升电池管理系统的性能，电池管理系统的电量检测部分集成化已经成为发展趋势。

②　功能细化和规范化

电池管理系统不再只是用于电池状态检测和报警的简单装置，如电池 SOC 值要求提高，电池 SOH 逐步提出，基于电池状态的电池最大允许充放电电流、上下电管理、延时下电上电时间、电池安全管理、充电管理、热管理、诊断和标定、数据存储等功能要求逐渐细化，高低压接口、CAN 总线、电磁兼容及控制策略等逐渐规范。

③　高可靠性

交变电流下的电池状态有效估算电池管理系统抗干扰能力、数据冗余设计、多种运行模式（整车运行、整车直流充电、整车交流充电、分箱充电等）兼容等要求逐渐提上日程。

④　开发测试流程规范化

电池管理系统开发测试流程向整车开发流程和规范靠拢。软件开发采用系统建模、快速原型、ECU 软硬件实现、ECU 测试、实车匹配标定这样的 V（Validation）型开发方案，层层验证，使系统级的设计错误能够在早期被发现，不断优化，通过自动代码生成，能够便于移植。电池管理系统采用整车的开发流程，能够提升整车参数在线标定、整车测试等相关工作的融合度。

2.　术语表

（1）标称电压

用来表示电池电压的一个适当的近似数值。

（2）额定容量

在规定的条件下，电池处于完全充电状态所能提供的由制造商标明的容量值。

（3）实际容量

在规定的条件下，充满电的单体电池以规定的电流放电时实际放出的容量。

（4）过放电

电池电压低于放电截止电压时的状态通常可视为电池进入过放电状态，一般是指电池电压达到 0V 以后甚至电压为负值的状态。

（5）最高充电电压

由制造商推荐的在充电过程中不应超过的充电电压。

（6）过充电

电池电压高于最高充电电压时的状态通常可视为电池进入过充电状态。

（7）过电流

电池的工作、充电电流高于制作商允许的最大工作、充电电流的状态通常可视为电池进入过电流状态。

（8）能量型蓄电池

以高能量密度为特点，主要用于高能量输出的蓄电池，俗称能量型蓄电池。

（9）功率型蓄电池

以高功率密度为特点，主要用于瞬间高功率输出、输入的蓄电池，俗称倍率型电池。

（10）常温荷电保持能力与容量恢复能力

蓄电池在（20±5）℃下贮存 28 天后以 0.3C 进行放电，放电容量与额定容量之比称为常温荷电保持能力。然后在（20±5）℃下以 0.3C 充电，再放电到终止电压，其放电容量与额定容量之比称为容量恢复能力。

（11）充电终止电流

以指定的恒压充电时，蓄电池终止充电的电流。

（12）SOC

蓄电池内存储的电量，一般以百分比显示，例如 30％SOC 即表示蓄电池目前存储了标称容量值为 30％的电量。

（13）爆炸

蓄电池外壳破裂，内部有固体物质从蓄电池内冲出并发出声音。

（14）起火

蓄电池壳体内冒出明火。

（15）泄漏

蓄电池的内部成分（电解液、气体或其他物质）从电池中漏出，泄漏部分的总质量超过电池初始质量的 1％时，即泄漏。

（16）电池管理系统

一种能够监控蓄电池电压、电流、温度，并能与充电器、负载、热量管理系统等其他系统进行通信，通过一系列的控制动作使蓄电池达到最优使用性能的电子电器系统。

（17）CAN 通信

CAN 是 Control Area Network 的缩写，即控制器局域网。

（18）DOD

DOD 是 Deep Of Discharge 的缩写，即放电深度。

（19）充电模式 CC/CV

CC 模式是恒流充电模式，CV 模式是恒压充电模式。

3. 相关标准

目前国内电池管理系统标准尚不完善，且没有国际标准可供参考。最初仅有汽车行业标准 QC/T897—2011 作为指导。随着电动汽车的逐步推广应用，工业和信息化部、质量技术监督局和国家标准化管理委员会等部门在电池管理系统方面就交直流充电接口、电池管理系统技术条件、电池管理系统与非车载充电机通信协议等组织撰写并发布了多项标准，同时欧美和日本等国家和地区也相继在充电接口、通信协议、电气安全等方面出台电动汽车电池管理系统相关标准（见表 5-5），对电池管理系统进行了规范，提出了测试内容和方法。如交直流充电接口和电池管理系统与非车载充电机之间的通信协议等标准已经开始执行。

表 5-5 国内外常见电池管理系统相关标准

标准类型	标准编号	标准名称
国内标准	GB/T 38661—2020	电动汽车用电池管理系统技术条件
国外标准	ISO 26262-1:2018	Road vehicles-Functional safety- Part 1: Vocabulary 道路车辆功能安全 第一部分 术语
	IEEE 2030.1.1—2021	IEEE Standard for Technical Specifications of a DC Quick and Bidirectional Charger for Use with Electric Vehicles 美国电气电子工程师学会（US-IEEE）发布的电动汽车和使用电池电动汽车作为储能装置的直流（DC）双向充电器的设计接口标准

【项目实训】

实训工单 5-1 了解电池管理系统的组成

通过此实训工单，能够加深学生对电动汽车上的电池管理系统各部分组成的了解。通过对电池管理系统中各模块基本功能的回忆和叙述，学生能够掌握电池管理系统的工作原理。后附实训工单 5-1。

【项目小结】

本项目首先介绍了动力电池管理系统概述。学生在掌握动力电池管理系统的各项基本组成及功能后，能简单归纳动力电池管理系统相关的各种性能指标；通过电池管理系统各项参数充分了解动力电池管理系统的各项特性及发展趋势；通过对动力电池管理系统行业常见术语进行介绍，加深学生对知识点的理解，同时帮助其巩固基础知识点；通过知识扩展可了解动力电池管理系统的发展历程及未来趋势，此外还补充介绍了电池管理系统国内外相关标准。

实训工单 5-1 能够加深学生对上述知识点的理解，在理解前文介绍知识点的基础上掌握电池管理系统安全相关运作的技能及设备的使用方法。通过思考与练习，巩固学习效果，最终培养学生通过各种方式来进一步了解系统组成的能力。

参 考 文 献

[1] 王芳, 夏军. 电动汽车动力电池系统设计与制造技术[M]. 北京: 科学出版社, 2017.

[2] 崔胜民. 新能源汽车概论[M]. 3版. 北京: 北京大学出版社, 2020.

[3] 崔胜民. 新能源汽车技术解析[M]. 2版. 北京: 化学工业出版社, 2022.

[4] 崔胜民. 一本书读懂新能源汽车[M]. 北京: 化学工业出版社, 2019.